이윤기 신화 거꾸로 읽기

이윤기

신화 거꾸로 읽기

작가
정신

차례

prologue   눈을 뜨고 귀를 기울이면   008

chapter 1   신화가 문화를 보이게 합니다   030

chapter 2   서울 헤라클레스   058

chapter 3   고추도 풍요의 뿔이다?   090

chapter 4   금강 역사가 사자가죽을 쓴 까닭   114

chapter 5   그대의 약손   152

chapter 6   로마, 그리스 신화를 수입하다   182

chapter 7   의사가 사람을 죽여?   220

chapter 8   예술이 뭐길래?   246

chapter 9   뱀, 아무래도 너무 길다   272

chapter 10   뱀, 음양을 만나게 하다   302

chapter 11   사랑은 눈물의 씨앗   324

chapter 12   그러니까 똑바로 살아야지요   356

epilogue   신화는 '이야기의 어린이'   394

찾아보기   402

prologue

눈을 뜨고 귀를 기울이면

1999년 9월 20일, 파리의 센강 한가운데, 마치 한강의 밤섬처럼 떠 있는 시테섬으로 들어갔습니다. 파리에 살고 있던 나의 동행은, 시테섬 들머리에 서 있는 거대한 화강암 구조물의 정체를 내게 설명하려고 했습니다. 나는 그를 저지했습니다. 그러고는 그 구조물이 나에게 건네는 말에 귀를 기울였지요.

그림 2의 왼쪽을 보면, 날개 달린 한 노인이 오른손에 거대한 서양 낫을 들고 앉아 있습니다. 누구일까요? 왜 낫을 들고 앉아 있을까요?

거대한 강철 낫이 모든 것을 자르듯이, 때가 되면, 이 세상에

그림 1 시간의 신 '크로노스'.(왼쪽)
그림 2 그림 1의 세부.(오른쪽)

태어나는 것들을 소멸시키는 시간의 신 '크로노스'의 이미지입니다. '크로노스Kronos'라는 말은 그리스어가 아니라 그리스 땅 선주민의 말이라고 하는군요. 『신화 속으로 떠나는 언어 여행』의 저자 아이작 아시모프는, 이 크로노스와 '시간'을 뜻하는 그리스어 '크로노스Chronos'가 어원이 같을 것이라고 생각하기 쉬운데 사실은 시간과는 상관이 없다고 하는군요. 하지만 크로노스가 거대한 스키테(강철 낫)를 들고 다니는 '시간의 신Father Time'으로 그려지고 있는데 어쩝니까? 신화란 그런 것입니다. 신화는 따져지는 것이 아니라 믿어지는 것입니다.

눈을 뜨고 귀를 기울이면

그림 3 크로노스가 거대한 강철 낫으로 아버지 우라노스의 생식기를 자르고 있습니다. 누워 있는 우라노스 신의 머리 위에, 하늘을 상징하는 천구天球儀가 놓여 있습니다. 오른쪽 위에는 승리의 여신 니케가 그려져 있군요. 니케는 승리자 크로노스의 머리에 올리브 관을 씌워주려 하는군요. 조르조 바사리의 그림.

크로노스는 우라노스(하늘)의 아들입니다. 거대한 낫으로 제 아버지의 생식기를 잘랐던 바로 그 크로노스입니다. 크로노스는 제우스의 아버지입니다. 태어나는 족족 아들딸을 삼키던 신, 마침내 막내아들 제우스에게 속아 그동안 삼켰던 아들딸을 줄줄이 토해낸 신입니다. 여기에서 '크로노스'는 무엇을 말하고 있을까요? 크로노스 아래에는 해시계 문자판이 있습니다. 보는 사람들이 날개 달린 노인이 시간의 신 크로노스인 줄 알아보지 못할까 봐 친절하게도 하나의 상징을 덧붙여준 것입니다. 이로써 날개 달린 노인은 시간의 신 '크로노스'임에 분명해집니다.

그림 4 크로노스는 아내 레아가 자식을 낳으면 낳는 족족 삼킨 것으로 유명한 신입니다. 하지만 화가 고야는 찢어 먹은 것으로 해석한 모양이군요. 크로노스가 자식을 찢어 먹었다면 토해낸 자식들이 되살아날 가능성이 없지 않겠어요?

눈을 뜨고 귀를 기울이면

그림 5 남편인 크로노스가 자식이 태어나는 족족 삼키자 아내 레아는 자신이 갓 낳은 아기 제우스 대신 돌덩어리를 강보에 싸서 건네줍니다. 크로노스는 그게 아기인 줄 알고 삼켜버리지요. 제우스는 아버지 몰래 자라나 아버지로 하여금 그동안 삼킨 자식들을 토해내게 하지요. 이들이 바로 제우스보다 먼저 태어나지만 자라기는 나중에 자란 불씨의 여신 헤스티아, 올림푸스의 안주인 헤라, 땅과 곡식의 여신 데메테르, 바다의 신 포세이돈, 저승의 신 하데스인 것이지요.

그림 6 왼손에 거대한 낫을 든 이 크로노스는 오른손에 모래시계를 들고 있군요. 이로써 크로노스가 시간의 신이라는 사실이 한층 명백해집니다.

그림 7 루벤스의 〈앙리 4세의 신화神化〉. 앙리 4세의 오른팔을 잡아 하늘로 끌어올리고 있는 신은 제우스입니다. 그가 딛고 선 독수리는 제우스를 상징하는 신조神鳥이고, 독수리가 발톱으로 그러쥐고 있는 것은 제우스의 무기인 벼락입니다. 그렇다면 앙리 4세의 왼팔을 잡고 있는 신은 누구일까요? 오른손에 낫을 든 시간의 신, 혹은 크로노스입니다. 사자가죽을 걸친 헤라클레스와, 손에는 전령신장傳令神杖을 들고 머리에는 날개 달린 모자를 쓴 헤르메스가 하늘에서 내려다보고 있군요.

눈을 뜨고 귀를 기울이면

자, 그림 2를 다시 보시지요.

오른쪽의 여인은 오른손에는 칼, 왼손에는 천칭을 쥐고 서 있습니다. 누구일까요?

아스트라이아입니다. 이치의 여신 테미스의 딸입니다. 제우스가, '개판'이 된 인간 세상을 내려다보다가 도저히 안 되겠다 싶어서 대홍수를 일으키기 직전, 머리를 풀고 이 땅을 떠나버린 여신입니다.

이 여신은 왜 천칭을 들고 있을까요? 하나의 주장과, 그 주장에 반대되는 주장의 무게를 달아주기 위해서입니다. 칼은 왜

그림 9 티에폴로가 그린 〈시간이 진실의 옷을 벗기다〉입니다. 시간의 신이 진실의 여신의
옷을 벗긴다는 것은 결국 '시간이 지나면 진실이 밝혀진다'는 뜻입니다. 시간의 신 발치에
서양 낫이 놓여 있군요. 날개 달린 꼬마 신이 들고 있는 모래시계가 이 시간의 신이 크로노
스라는 사실을 움직일 수 없게 합니다.

눈을 뜨고 귀를 기울이면

들고 있을까요? 치우치게 주장하는 자를 벌주기 위해서입니다. 그렇다면 이 여신은 무엇을 상징하고 있을까요? 이치의 여신 테미스의 뜻에 어긋나지 않아야 하는 정의와 법입니다. 즉, 정의와 법의 여신입니다.

시간의 신 크로노스와 법의 여신 아스트라이아가 어쨌다는 것일까요? 신화의 상징에 눈 밝은 사람들도 이 대목에 이르면 좌절을 맛보지 않으면 안 될 듯합니다.

하지만 이 구조물의 설계자와 시공자는 친절합니다. 이 구조물에서만 그런 것이 아닙니다. 유럽, 특히 프랑스의 설계자들과 시공자들은 친절합니다. 그들은 구조물로 하여금 스스로 역할을 설명하게 합니다. 눈을 부릅뜨면 구조물의 설명이 보이고, 귀를 기울이면 구조물의 친절한 설명이 들립니다.

시간의 신 크로노스와 법의 여신 아스트라이아의 돋을새김 밑에 한 줄의 라틴어 문장이 있습니다.

Hora Fugit Stat Jus

그들은 왜 라틴어를 쓰고 있을까요? 이렇게 써놓으면 라틴 민족Latin race들, 즉 프랑스, 스페인, 포르투갈, 이탈리아, 루마니

그림 10 니콜라 푸생의 〈질투와 불화를 쳐부수는 시간과 진실〉. 꼬마 신이 시간의 신 크로노스의 머리에 월계관을 씌워주려 하는 것을 보니 크로노스가 승리할 모양입니다.

눈을 뜨고 귀를 기울이면

그림 11 역시 티에폴로는 알레고리화(우의화寓意畵)의 거장이었군요. 〈정의와 평화〉입니다. 오른쪽의, 왼손에 천칭을 든 여신이 아스트라이아입니다. 등을 보이고 있는 평화의여신은 왼손에 올리브 가지를 들고 있군요. 올리브는 평화를 상징하는 나무이지요.

아 등의 민족들이 해독할 가능성이 크기 때문입니다. 유럽에서 그리스어, 라틴어는 가장 보편적인 언어입니다. 자국어를 쓰면 국경만 넘어도 미지의 언어가 되지만 그리스어나 라틴어는 가장 보편적인 언어로 상호 소통이 가능하기 때문입니다. 오래전에 사어死語가 되어버린 고전 그리스어, 라틴어가 의학 용어, 분류학 용어로 지금까지도 사용되는 것은 바로 그 때문입니다. 사어는 죽은 언어이기 때문에 변하지 않지요. 펄펄 살아 움직이는 말로, 중요한 일의 경계를 삼을 수는 없는 일입니다. 배 타고 가다가 강물에 칼을 떨어뜨렸다고 해서, 뱃전에 금을 긋고 잠시 기다렸다가 칼을 찾으러刻舟求劍 물에 뛰어드는 자는 어리석습니다.

시간은 날지만 법은 부동不動이다

Time flies, but Justice stands still

이런 뜻입니다. 그 구조물이 프랑스 법무부 건물이 아니라면 대체 무슨 건물일 수 있을까요? 혐의에서 자유롭지 못하겠지만, 나는 잘난 척하고 싶어서 내 동행의 설명을 저지했던 것은 아닙니다. 나는 구조물과 둘이서만 대화를 나누고 싶었을 뿐입니다. 나 혼자서, 내가 배운 상징의 의미로써 세계를 만나고 싶었던 것뿐입니다.

거꾸로 읽는 신화

1999년 9월 20일, 나는 파리의 한 아름다운 건물 앞에서 걸음을 멈추었습니다. 지붕 위로는 금빛 리라, 즉 수금竪琴을 든 남성의 청동상이 보였습니다. 나는 그가 예술의 신 아폴론이라는 것을 의심하지 않았습니다.

　그 옆에는 하늘로 날아오르려는 말과, 그 말을 잡도리하는 여성의 청동상이 있었습니다. 나는 그 말을, 헬리콘산 꼭대기에다 발길질로 영감의 샘 히포크레네('말의 샘'이라는 뜻입니다)를 팠다는 천마天馬 페가수스일 것으로 짐작했습니다. 그렇다면 말을 잡도리한 그 여신이 누구이겠습니까? 나는 예술의 여신들, 즉 무사이(영어로는 '뮤즈') 중 하나일 것이라고 생각했습니다.

　건물 옆으로는 아홉 무사이들이 새겨져 있었습니다. 아홉 무사이들은 각기 서사시, 서정시, 희극, 비극 등 맡은 직분을 상징

그림 12 파리 오페라 극장의 지붕.

하는 필기구, 혹은 가면 같은 것을 들고 있었습니다. 그 건물 앞의 가로등은 민짜 기둥 위에 매달려 있는 것이 아니었어요. 아름다운 여성들의 청동상이 가로등을 하나씩 머리에 이고 있더군요. 여성들 이마에는 초승달, 혹은 별 모양의 장식이 매달려 있었습니다. 아름다운 램프 포스트^{lamppost}를 보면서 나는 그 여성들이, 아틀라스의 딸들인 '플레이아데스'일 것이라고 생각했습니다. 플레이아데스는 '묘성^{昴星}'이라고 번역됩니다. 나는 묘성 무리가 그 건물을 밝히고 있을 것이라고 생각했던 것이지요.

    나와 동행했던 안내자는 그 건물이 어떤 목적으로 지어진 것

그림 13 천마 페가수스가 발길질로 샘을 파고 있군요. 야콥 요르단스의 그림.(왼쪽)
그림 14 베스타 여신을 섬기는 신녀들은 '베스탈'이라고 불립니다.(오른쪽)

인지 나에게 설명할 필요가 없었습니다. 파리의 오페라 극장이었던 것이지요. 나의 짐작 중 틀린 대목은, 램프 포스트로 서 있는 여성들이 '플레이아데스'가 아니라 '베스탈'이라는 것뿐입니다. '베스탈'은 불씨의 여신 '베스타'(그리스 신화에서는 '헤스티아')를 섬기는 신녀들입니다.

 동행하던 안내자는 퍽 신기해했습니다. 하지만 신기할 것이 하나도 없었지요. 나는, 건축가가 어떤 구조물을 지을 때는, 거의 반드시라고 해도 좋을 정도로, 그 구조물로 하여금 자신의 역할을 설명하게 한다고 믿습니다. 그래서 훌륭한 구조물들은,

그림 15 파리 오페라 극장 앞에 있는 램프 포스트.

눈을 뜨고 귀를 기울이면

나는 극장이오, 나는 국회의사당이오, 나는 예술의 전당이오, 이렇게 발언한다고 믿습니다. 나와 동행하던 안내자는 신기해할 것이 없었던 것입니다. 파리 오페라 극장을 지은 건축가는 신화의 상징을 동원하여 그 구조물로 하여금 멀리서 온 나에게, 나는 극장이오, 하고 말하게 한 것에 지나지 않고, 나는 그말을 알아들은 데 지나지 않습니다.

그런 점에서 내가 새로 시도하는 방법이 바로 '신화 거꾸로 읽기'입니다. 신화적 상징을 통하여 우리에게 말을 거는 회화, 조각, 혹은 건축물을 하나씩 제시하고, 그 대상에 묻어 있는 신화의 의미를 거꾸로 거슬러 올라가면서 추적하는 새로운 신화 읽기입니다.

서울 우면동 예술의 전당 앞에서, 상상력을 자극하는 것이 하나도 없어서 나는 절망했습니다. 딱 하나 있기는 했지요. 멀리서 보면 신선로 같기도 하고, 시베리아 샤먼_{巫覡}의 유르트(천막집) 같기도 한 극장의 모양이었습니다. 샤머니즘도 시베리아 샤머니즘의 강력한 영향권에 들어 있는데, 그것이 샤먼의 유르트를 연상시키고 있다면 얼마나 근사한 것인가, 싶었던 것이지요. 파리 오페라 극장 위에 서 있는 아폴론은 예술의 신인 동시에 무속_{巫俗}의 신이기도 합니다. 하지만 잘 아는 분에게 물어보

그림 16 예술의 전당 오페라 하우스.(왼쪽) ⓒ 예술의전당
그림 17 유르트.(오른쪽)

고 나서야 나는 그것이 유르트가 아니라 갓을 연상시키는 구조
물이라는 걸 알았습니다. 이때부터 구조물은 나에게 어떤 말도
걸지 못했습니다. 나의 신화적 상상력은 내 나라 예술의 전당
에서 깊은 좌절을 맛보지 않으면 안 되었지요.

　나는, 문화 현상에서 신화의 흔적을 찾아내고 그 흔적을 거
슬러 올라가 신들과 만나는 공부를 '신화 거꾸로 읽기', 혹은
'역류의 신화학'이라고 부르기로 합니다.

chapter 1

신화가 문화를 보이게 합니다

페르세우스 이야기

1999년 1월 26일, 나는 터키의 옛 수도 이스탄불의 지하 저수고貯水庫에서 한 고대 종교의 죽음을 보았습니다. 지하 저수고는 글자 그대로 물탱크입니다. 고대에 만들어진 그 지하 물탱크에서 본 고대 종교의 죽음은 그 종교가 살게 될 새로운 삶의 모습이기도 합니다.

거대한 물탱크의 입구는 '하기아 소피아' 광장 서쪽에 면해 있습니다. '하기아 소피아'는 원래 4세기에 지어진 대성당입니다. 그래서 많은 사람들은 '성 소피아 성당'이라고 번역합니다. 이렇게 번역하기 때문에 성녀 '소피아'에게 봉헌된 대성당이라는 오해를 낳지요. '하기아 소피아'는 '거룩한 지혜'라는 뜻입니다. 따라서 '거룩한 지혜의 전당'이라고 하는 편이 옳은 것이지요.

'하기아 소피아'는, 그리스의 여신 아르테미스 신전의 기둥을 뽑다 중건重建한 건물로 유명합니다. 가까이 있던 아르테미시온(아르테미스 신전)의 기둥 128개 중 127개를 뽑아와 성당을 지은 것입니다. 있던 자리에 기둥 한 개를 남겨둠으로써 '기독교에 의한 그리스 고대 종교의 죽음'을 상징하는 징표로 삼았던 것 같습니다. 하지만 지금 이 건물은 회교 사원이 되어 있습니다. 15세기, 동로마제국을 정복한 오스만투르크의 황제 메흐메트 2세가 그리스 정교의 심장부인 '하기아 소피아'에서 이슬람식 예배를 올린 이래 회교 사원 노릇을 해온 것입니다.

'하기아 소피아' 광장에서 지하로 내려가면 거대한 궁전을 방불케 하는 저수고가 있습니다. 6세기, 동로마 황제 유스티니아누스 치세에, 가까이 있던 궁전에 물을 대기 위해 만든 저수고입니다. 가로 140미터, 세로 70미터에 이르는 장방형 저수고 안에는 336개의 기둥이 있습니다. 이 많은 기둥들이 저수고 천장을 떠받치고 있는 것입니다. 이 저수고 역시 그리스 신전 기둥을 뽑다 지은 구조물이지만, 신전 기둥 재사용은 단순한

그림 18 하기아 소피아 광장의 지하 저수고. ⓒ임정의

재활용의 차원을 넘어섭니다. 유스티니아누스 황제는 이로써 그리스의 고대 종교였던 신화 시대의 죽음을 선언하고 싶었을 것입니다. 이 지하 저수고는 제임스 본드가 나오는 영화 〈007〉 의 촬영장으로 쓰인 것으로도 유명합니다.

이 저수고의 기둥 336개 중 두 개의 기둥 받침이 내 눈길을 붙잡더군요. 기둥 받침으로 쓰여진 것이 그리스의 대리석 신상神像의 머리였습니다. 누구의 머리인지 궁금해지지 않을 수 없었지요. 지하 저수고의 기둥 받침대로 쓰였으니 당연한 일이지만 이 대리석 머리는 물을 조금만 가두어도 바로 잠기게 되어

있었습니다. 6세기의 로마인들에게 이토록 철저하게 박해받고, 모욕당한 그리스 신이 누구일까 싶었지요.

설명이 있었습니다. 메두사였습니다. 머리카락 올 하나하나가 뱀이었던 메두사였습니다. 모습이 어찌나 무시무시한지 보는 사람으로 하여금 그 자리에서 생똥을 싸고는 몸이 굳어지면서 돌이 되어버리게 한다는 바로 그 메두사였습니다.

메두사는 정확하게 말하면 신은 아닙니다. 메두사의 모습이 그렇게 흉측하게 바뀐 것은 아테나 여신의 신전에서 포세이돈과 사랑을 나눔으로써 이 여신을 상징적으로 능욕한 죄를 저질

그림 20 땅에 떨어진 메두사의 머리. 메두사 머리의 뱀도 더 이상 권능이 없어진 것일까요? 개구리가 겁도 없이 이 죽은 뱀들에게 달려갑니다. 하지만 그 권능은 없어진 것이 아니지요.

그림 21 디뒤마(지금의 터키)의 아폴론 신전의 메두사 머리.

그림 22 에페수스(지금의 터키)의 고대 도서관 박공에 새겨진 메두사.

렀기 때문입니다. 인간 메두사는 아테나 여신으로부터 무시무시한 모습을 부여받음으로써, 그 모습을 보는 인간은 모두 대리석상을 만들어버릴 정도로 무시무시한 신적인 권능을 부여받은 것이지요. 그러나 이 권능은, 보는 사람에게도 그렇지만 메두사 자신에게도 치명적인 권능입니다.

메두사를 죽일 수 있는 인간은 이 세상에 존재하지 않습니다. 왜냐하면 메두사를 죽이려면 먼저 그 모습을 보아야 하는데, 메두사를 보는 순간 그 사람은 대리석상이 되어버리기 때문입니다. 그러나 메두사도 결국 죽임을 당합니다. 영웅 페르세우스가 반짝반짝 윤이 나게 닦은 아테나 여신의 방패를 거울로 삼아 메두사로 하여금 자신의 얼굴을 보게 했기 때문입니다. 메두사는 자기가 가진 신적인 권능의 피해자가 된 것입니다.

메두사 이야기는 『벌핀치의 그리스 로마 신화』 중 「메두사의 정복자 페르세우스」 편에 고스란히 실려 있습니다. 페르세우스 이야기를 읽지 않고 이스탄불 지하 저수고의 기둥에 깔려 있는 메두사의 슬픈 운명을 이해하는 것은 도무지 가능하지 않은 것이지요.

페르세우스는 이 메두사의 머리를 잘라 영웅들의 수호 여신인 아테나에게 바쳤고, 아테나 여신은 이 메두사의 머리, 제 모

그림 23 첼리니의 걸작 〈메두사의 머리를 잘라 든 페르세우스〉.

습을 보고는 돌이 되어버린 메두사의 머리를 자신의 방패 '아이기스Aigis'에다 붙였습니다. 이로써 아이기스는 무적의 방패가 됩니다. 인간이면 누구든 그 방패를 보는 순간 돌이 될 터이기 때문입니다.

　아테나 여신의 방패 아이기스에 매달리는 순간부터 메두사의 머리는 신적 지위를 부여받습니다. 고대 그리스와는 한 문화 권역이었던 지금의 터키 지역에서 메두사가 승리의 여신 니케(영어로는 '나이키')와 나란히 그려지거나 새겨진 것은 바로 이 때문입니다.

그림 24 메두사의 머리가 달린 방패 아이기스를 들고 서 있는 아테나 여신.(왼쪽)
그림 25 무적의 방패 아이기스를 상징하는 메두사 머리 장식을 가슴에 단 아테나 여신.(오른쪽) 그림 24·25: 로마, 바티칸 박물관

　미국이 '천하무적'의 구축함을 건조하고 그 이름을 '이지스'라고 지은 것은 그러므로 잘한 일이지요. '이지스'는 그리스 말 '아이기스'의 영어식 발음입니다. 하지만 '이지스'가 천하무적이려면 반드시 경계할 것이 있습니다. 그것은 영웅의 운명과 밀접한 관계가 있습니다. 천하무적이던 메두사의 적은 밖에 있지 않고 메두사 안에 있었습니다. 그것이 바로, 자신의 모습을 보는 모든 인간을 대리석상으로 만들어버릴 수 있는 '석화石化'의 권능이었지요. 천하무적의 영웅도 같은 운명의 길을 걷습니다. 알렉산드로스 대왕은 엄지손가락으로 자신의 가슴을 가리

신화가 문화를 보이게 합니다

그림 26 청동제 아이기스. 영국의 버킹검 궁전 앞. ⓒ송학선

키면서 '나를 죽일 수 있는 칼은 여기에만 있다'고 호언장담했
습니다. 과연 그는 적의 칼날에 죽임을 당하지 않았지요. 자신
을 은근히 술의 신 디오니소스와 동일시하던 그의 간접 사인은
폭음이었습니다. 거의 자살에 가까운 폭음이었던 것이지요. 과
연 그를 죽인 칼은 그 자신에게 있었습니다.

그리스 신화에 대한 이해 없이 메두사의 문화, 아이기스의 문
화를 이해할 길은 막막합니다. 신화는 문화를 보이게 합니다.

나는 로마 바티칸 박물관에서 신의 모습과 인간의 모습을 보았습니다. 헤라클레스는 인간이지 신이 아닙니다. 디오니소스는 신이지 인간이 아닙니다. 하지만 〈아기 디오니소스를 안은 헤라클레스〉를 깎은 사람은 아기 디오니소스에게서 인간의 모습을, 헤라클레스에게서 신의 모습을 본 것 같습니다. 아기 디오니소스에게 강력한 보호자 헤라클레스가 필요했듯이 우리 인간은 영생불사하는 존재, 강력한 민중의 보호자를 필요로 합니다.

　그림 27에서 아기를 안은 채 우뚝 서 있는 사내 옆에 걸려 있는 네메아의 사자가죽은 이 사내가 헤라클레스라는 사실을 움직일 수 없게 합니다. 조각가는 기둥에다 포도송이를 새겨넣음으로써 이 아기가 디오니소스임을 암시하고 있습니다. 하지만 내 눈에는 신의 팔에 안겨 있는 인간의 모습으로 보였습니다. 인간이 염원하던 신의 모습으로 보였습니다.

　헤라클레스는 질투의 화신 헤라가 맡긴 12가지의 어려운 일을, 모진 고통을 참아가며 다 이루고는 '헤라클레스 칼리니코스(빛나는 승리자 헤라클레스)', '헤라클레스 알렉시카코스(악에서 인민을 지키는 헤라클레스)'라는 별명을 획득합니다.

그림 27 〈아기 디오니소스를 안은
헤라클레스〉, 로마, 바티칸 박물관

헤라클레스는 고독을 아는 영웅이었지요. 그는 성미가 불같을지언정 오만하지는 않았습니다. 그가 '나를 죽일 수 있는 칼은 나에게만 있다'고 호언장담한 일은 없습니다.

그는 죽음이 임박해지자 스스로 화장단火葬壇을 쌓고 그 위로 올라가, 화장단에다 점화해줄 사람을 기다렸습니다. 필록테테스라는 사람이 나타났을 때 그는 화장단에 불을 붙여주면 평생 아끼던 활을 주겠노라고 했습니다. 필록테테스는 화장단에 불을 붙였고 헤라클레스는 어머니로부터 받은 육신을 태우고 승천하여 신이 되었지요. 질투의 화신 헤라조차도 헤라클레스의 신화神化를 막지 못했습니다.

헤라클레스가 영웅의 전성 시대를 열 수 있었던 것은 오만하지 않기 때문입니다. 그림 99 〈지친 헤라클레스〉에서 볼 수 있을 테지만 그는 지칠 줄 아는 영웅이었지요. 그는 선으로 믿어지는 것과 악으로 믿어지는 것 사이에서 고민할 줄 아는 영웅, 갈등을 느낄 줄 아는 영웅이었지요.

프랑스의 화가 니콜라 푸생은 〈미덕과 악덕 앞에서의 헤라클레스의 선택〉에서 손가락으로 하늘을 가리키는 '미덕'의 여신과 손가락으로 땅을 가리키는 '악덕'의 여신을 그리고 있습니다. 흥미로운 것은 '악덕'의 여신이 아프로디테로 그려지고 있

그림 28 니콜라 푸생의 〈미덕과 악덕 앞에서의 헤라클레스의 선택〉.

다는 점입니다. 아프로디테 앞에서 사랑의 신 에로스가 꽃을 바치지만 헤라클레스의 고개는 미덕의 여신 쪽으로 돌아가 있습니다. 헤라클레스가 화려한 악덕보다는 수수한 미덕을 선택한 것입니다. 그는 진정한 영웅이었던 것이지요.

테세우스 이야기

런던의 빅토리아 앨버트 박물관에는 대리석상 〈미노타우로스를 박살하는 테세우스〉가 있습니다. 머리는 소머리이되 몸은 사람의 형상을 한 괴물 미노타우로스는 미궁 속에서, 길을 잃고 미궁을 헤매는 사람들을 잡아먹고 사는 괴물이었지요. 미궁의 어둠 속에서 인육을 먹고 사는 반우반인半牛半人은, 미성숙한 인류가 진화 과정에서 극복해야 했던 수성獸性은 혹 아니었을까요? 테세우스 이야기에 대한 이해가 없는 한, 빅토리아 앨버트 박물관의 대리석상 앞에 서는 일은 까막눈이 돌덩어리를 쳐다보는 일과 다를 것이 없지요.

테세우스 이야기는 세계의 거의 모든 문화권이 보유하고 있는 영웅 신화의 한 본보기를 보여줍니다. 거의 모든 영웅들이

그림 29 반우반인 미노타우로스를 정복한 테세우스. 런던, 빅토리아 앨버트 박물관. ⓒ 송학선

그렇듯이 테세우스도 '나는 누구인가, 나의 아버지는 누구인가'라는 의문을 제기하고 아버지를 찾아 먼길을 떠나는 영웅, 괴물을 죽이고 공주를 구하는 영웅, 그리고 한살이의 정점에서 '오만'을 부리다 추락하는 영웅입니다.

인류가 17세기 화가 니콜라 푸생을 보유할 수 있었다는 것은 얼마나 큰 축복인가요? 그는 신화가 잊혀져가던 17세기에 고대의 신화를 그 시대의 인식으로써, 그 시대의 예술로써 복원했습니다. 그는 아득한 신화 시대와 현대를 잇는 징검다리였습니다.

나는 푸생의 작품 〈아버지의 방패를 찾아내는 테세우스〉를 만나면 그 앞에 오래 서 있고 싶어집니다. 그 앞에서, 내가 기억할 수 없을 만큼 오래된 과거를 추억하고 싶어집니다. 그 그림 앞에 서면 나의 상념은 그리스의 영웅 테세우스와 고구려의 유리왕 사이를 넘나듭니다.

테세우스 신화의 도입부는 우리를 소스라치게 합니다. 〈황조가黃鳥歌〉를 지은 것으로 유명한 고구려의 유리왕瑠璃王 설화와 너무나 흡사한 것입니다.

고구려 시조 동명성왕東明聖王 고주몽高朱蒙은 부여 땅에 망명해 있을 동안 예씨禮氏 몸에 자식을 끼칩니다. 하지만 위험을 당하여 황급히 피신해야 했던 주몽은 예씨에게 당부합니다.

그림 30 니콜라 푸생의 〈아버지의 방패를 찾아내는 테세우스〉.

"아들이 나거든 이름은 '유리'라고 하세요. 장차 자라 제가 누구인지 궁금해하거든 떠나보내세요. 내가 일곱 마루 일곱 골짜기, 돌 위의 소나무七嶺七谷石上之松 밑에다 한 물건을 감추어놓았어요. 제 힘으로 기특하게 그것을 찾을 수 있을 때만 보내세요. 은밀하게 보내세요."

예씨 몸에서 태어난 아들 유리는 나이가 차자 어머니에게 묻지요.

"저의 아버지는 누구이시며 어디에 계십니까?我父何人,今在何處"

예씨는 주몽이 남긴 말을 아들에게 들려줍니다. 유리는 오랜 모색 끝에 '일곱 마루 일곱 골짜기, 돌 위의 소나무'는 일곱 모난 기둥七角柱 밑에 놓인 주춧돌이라는 것을 알아내지요. 주춧돌 밑에는 과연 부

러진 칼 도막이 있었습니다. 유리는 칼 도막을 신표^{信標} 삼아, 아버
지 고주몽을 찾아가 상면했습니다. (『三國史記』)

『삼국사기』가 기록하고 있는 '유리 태자' 이야기는, 고유명사
만 바꾸면 그대로 테세우스 이야기가 됩니다. 유리 태자를 테
세우스로, 고주몽을 아이게우스로, 예씨를 아이트라로 바꾸어
본문과 견주어보면 알 것입니다. 다른 것이 있기는 합니다.

푸생은 테세우스가 섬돌 밑에서 찾아내는 것이 아버지의 방패
라고 주장하고 있습니다. 하지만 『벌핀치의 그리스 로마 신화』
의 테세우스 이야기는, 아버지 아이게우스가 감추어놓았던 것이
'방패'가 아니라 '칼과 가죽신'이었던 것으로 기록하고 있습니
다. '방패'는 니콜라 푸생의 착각이었던 것으로 보입니다.

추락하는 것은 날개가 있다

벨레로폰은 지극한 믿음으로 천마^{天馬} 페가수스를 얻은 영웅입
니다. 그는 페가수스를 얻음으로써 괴물 키마이라를 죽일 수
있었던 영웅, 한 나라의 공주를 얻고 한 나라를 얻어 왕위에 올

신화가 문화를 보이게 합니다

랐던 영웅입니다. 하지만 그 역시 영웅의 고질병에서 자유롭지 못했습니다. 정점에 오르자 오만방자해진 것입니다. '오만방 자'는 정점에 오른 영웅들의 직업병이기도 한데, 거의 모든 영 웅은 바로 이 정점에서 오만방자하게 굴다가 추락합니다. '추 락하는 것은 날개가 있'었던 것이지요.

벨레로폰은 태양신의 아들 파에톤, 다이달로스의 아들 이카 로스와 더불어 '추락하는 것'의 상징 노릇을 합니다. 이들에게 는 한 가지 공통점이 있습니다. 하늘을 날 수 있었다는 것입니 다. 태양신의 아들 파에톤에게는 날개 달린 천마가 끄는 태양 신의 수레가 있었습니다. 이카로스에게는 아버지 다이달로스 가 깃털로 만들어 달아준 날개가 있었습니다. 벨레로폰에게는 하늘을 나는 날개 달린 말 페가수스가 있었습니다.

페가수스가 우리의 상상력을 자극합니다. 페가수스는 어디 서 와서 어디로 갔을까요?

'영감靈感'을 직유直喩할 때 우리는 무엇을 떠올리지요? '샘' 입니다. 그래서 '영감이 샘솟는다'라고 말하고 씁니다. '페가수 스Pegasus'의 이름은 '페게Pege'에서 유래합니다. '물의 샘솟음'이 라는 뜻입니다. 페가수스는 발길질로 샘을 팠다고 전해지는데 이 샘이 바로 '히포크레네Hippocrene', 즉 '말의 샘'입니다. 그리스

그림 31 네덜란드 화가 세자르 반 에페르딩겐의 〈파르나소스 산정의 네 무사이와 페가수스〉.

신화가 문화를 보이게 합니다

에는 이 페가수스가 발길질로 팠다는 샘이 두 군데 있습니다. 헬리콘 산정山頂의 히포크레네, 그리고 테세우스의 고향 트로이젠의 히포크레네가 그것입니다.

헬리콘산 골짜기의 물은 하도 맑고 영험하여 독사의 독니까지도 삭아 없어지게 한다는 전설이 있습니다. 우리가 '뮤즈Muse들'이라고 부르는 예술의 여신들 '무사이'의 활동 무대가 바로 이 헬리콘 산정의 히포크레네지요. 무사이가 머무는 곳은 올림푸스의 천성天城이나 헬리콘 산정 아니면 그리스인들의 성산聖山 파르나소스산입니다.

벨레로폰은 신화의 무대에서 사라지지만, 상상력이 부족한 영웅 벨레로폰을 잔등에서 떨어뜨린 페가수스는 영원합니다. 페가수스가 발길질로 판 영험한 샘 히포크레네도 영원합니다. 히포크레네에서 영감을 받는 저 예술의 여신들도 영원합니다.

날개 달린 말 페가수스는, 그러면 무엇인가요?

상상력입니다. 영감입니다.

그림 32 푸생의 〈파에톤의 태양 수레와 태양신〉.

파에톤은 태양신의 아들입니다. 테세우스가 그랬듯이 파에톤 역시 철이 들 나이가 되자, '나는 누구인가, 나는 어디에서 왔는가, 나의 아버지는 누구인가'라는 의문을 제기합니다. 그리고 아버지를 찾아, 자신의 근본을 찾아 먼 길을 떠납니다. 테세우스가 그랬듯이 파에톤도 아버지를 찾아내는 데, 아버지로 하여금 파에톤을 아들로 승인하게 하는 데 성공합니다. 아버지 태양신은 아들에게 말합니다.

그림 33 루벤스의 〈추락하는 파에톤〉.

"아들아, 이제 네가 내 아들이 아니라고 할 자는 없다. 소원을 하나 말해보아라. 네가 바라는 것은 반드시 이루어지게 하여 네 의혹을 걷어주리라. 저 스틱스강에다 맹세하마. 내 아직 저 강을 본 적이 없다만, 우리 신들은 지엄한 약속을 할 때마다 저 강에다 맹세하느니라."

하지만 풋내기 파에톤은 태양 수레를 너무 낮게 몰아 대지를 불태우고는 제우스의 벼락을 맞고 추락합니다. 파에톤의 추락은, 아버지 태양신이 모는 수레를 가리키는 순간에 시작된 것이나 마찬가지인 것이지요. 아버지의 태양 수레는 파에톤 같은 애송이가 몰 수 있는 것이 아니었습니다. 파멸시킨 씨앗은 태양신의 아들로 승인받았다는 데서 온 '오만'이었던 것이지요.

이아손 이야기

로마의 국립 현대 미술관 옆에는, 현대 미술과는 어울리지 않게도 고대의 영웅을 새긴 것인 듯한 청동상이 하나 서 있습니다. 청동상으로 남은 영웅은 왼팔에다 양가죽을 걸고 서 있습니다.

그림 34 **이아손의 청동상.** 로마

누구일까요? 아르고 원정대장 이아손입니다. 이 양가죽은 무엇인가요? 이아손이 머나먼 콜키스 땅에서 찾아온 '금양金羊의 모피 毛皮'입니다. 영웅 이아손이 자신의 목숨은 물론 수십 명에 이르는 그리스 영웅들의 목숨까지 걸고 되찾아온 금양모피는 무엇일까요? 그 금양모피에 어떤 실용성이 있는 것일까요? 그것은 혹, 그리스인들이 잃어버렸던 자존심이 아니었을까요?

그리스의 신들, 그리스의 영웅들은 그림으로, 조각으로 이 땅에 남아 있습니다. 하지만 그들은 다른 모습으로 우리 사이에 남아 있는 것이지 떠난 것이 아닙니다. 그림으로, 조각으로 '남아 있기'야말로 그리스 신들과 영웅들이 사는 새로운 방식인지도 모릅니다.

신들 이야기, 영웅들 이야기는 시대에 따라 그 시대에 어울리는 다양한 모습으로 변주되는데, 그 변주의 흔적은 문화의 모습을 하고 곳곳에 남아 있습니다. 신화를 이해하면 언제 어디에서건 회화나 조상彫像이나 구조물은 우리에게 말을 걸어옵니다.

신화 이미지가 우리에게 걸어오는 말은 통역을 거칠 필요가 없습니다. 내 나라 신화가 되었든 남의 나라 신화가 되었든 신화라는 것이 벌써 세계어에 편입된 언어이기 때문입니다.

신화가 문화를 보이게 합니다

chapter 2

서울 헤라클레스

신세계 백화점에서

신세계 백화점 앞에서, 백화점이 고객들의 크리스마스와 연말 맞이를 축하하면서 내건 장식을 실마리로 그리스 신화 이야기를 시작해볼까요? 신세계 백화점과 그리스 신화가 무슨 관계가 있느냐고 할 독자들이 있겠군요. 물론 백화점과 신화야 별 관계가 없지요. 그래서 백화점이 '고객들의 크리스마스와 연말 맞이를 축하하면서 내건 장식'이라고 하지 않았어요? 보세요. 신세계 백화점 정문 장식을 눈여겨보세요.

꽃다발 같은 것이 축 늘어져 있군요. 경축 행사장 정면 장식을 눈여겨보세요. 꽃다발이 되었든 색종이가 되었든 가로로 일직선

그림 35 연말연시의 신세계 백화점.(왼쪽) 서울 본점
그림 36 신세계 백화점 정문의 이 장식을 눈여겨보셨는지요?(오른쪽)

이 되게 팽팽하게 거는 법이 없지요. 약간 늘어지게 걸어서 멋을
내지요. 신세계 백화점 정문 바로 위에도 같은 장식이 있군요.

 멀어서 잘 보이지 않는다고요? 그럼 가까이 가서 보기로 하
지요.

 이게 대체 무슨 장식일까요? 백화점은 이 장식의 의미를 알
고 걸었을까요? 물론 알고 걸었을 테지요. 신세계 백화점만 이
런 것을 거는 것일까요? 아니면 다른 데서도 이런 장식을 볼 수
있는 것일까요? 다른 데서도 얼마든지 볼 수 있답니다. 어디,
찾아나서 볼까요?

서울 헤라클레스

그림 37 이탈리아 국립 현대 미술관의 '풍요의 뿔' 장식.(왼쪽)
그림 38 프랑스 팡테옹의 벽 장식.(오른쪽)

　　그림 37은 로마에 있는 이탈리아 국립 현대 미술관 정면의
오른쪽 부분을 찍은 것입니다. 꽃다발 같은 장식이 축축 늘어
져 있지요? 신세계 백화점 정문에 걸려 있는 장식은 바로 이 장
식의 변형입니다.

　　그림 38은 프랑스 파리에 있는 '팡테옹'의 옆부분입니다. 팡
테옹을 아시지요? 팡테옹^{Pantheon}은 '모든 신들을 모두 모신 신
전'이라는 뜻입니다. 한자어로는 '만신전^{萬神殿}'이 되는 셈이지
요. 그렇다고 해서 프랑스의 만신전이 여러 신들을 모신 신전
인 것은 아닙니다. 고전주의 양식의 이 화강암 구조물에 프랑

스 국민이 모신 것은 프랑스의 국가적인 공로자, 위인, 예술가들입니다. 그러니까 프랑스를 빛낸 유공자들을 한자리에 합장 _合葬_ 해 모신 국립 묘지 같은 것이지요.

지금부터 이 장식을 '코르누코피아 _Cornucopia_'라고 부르겠습니다. '풍요 _豊饒_ 의 뿔'이라는 뜻입니다. 그렇다면 왜 이 '풍요의 뿔' 장식이 프랑스의 '팡테옹' 벽에 새겨져 있는 것일까요?

풍요의 뿔 장식은 두 가지의 매우 중요한 측면을 지니고 있는데, 팡테옹의 장식은 그중의 한 측면을 잘 드러냅니다. 한 측면과 또 한 측면, 이 둘은 서로 상반되는 것 같지만 곰곰이 생각해보면 한 사물의 두 얼굴에 지나지 않습니다. 언뜻 보면 매우 다른 상징 같지만 깊이 캐어 들어가면 한곳에서 만나는 것이니까요.

먼저 한 측면에서 검토해보지요. 이 장식은 저승 및 저승에서의 풍요로운 제2의 삶과 밀접한 관계가 있습니다.

석관 _石棺_, 즉 돌을 깎아서 만든 관을 고대 그리스 사람들은 '사르코파고스 _Sarkophagos_'라고 불렀답니다. '살을 먹는 것'이라는 뜻입니다. 꽤 잘 지은 이름 같지요? 세상 떠난 사람을 석관에 넣어 묻었다가 나중에 파보면 살은 한 점도 남아 있지 않고 뼈만 앙상하게 남아 있잖아요? 그래서 '살을 먹는 것'이라는 이름을 지었나 봅니다.

서울 헤라클레스

그림 39 고대 그리스의 석관.(왼쪽) 그리스, 테살로니카
그림 40 고대 그리스의 석관.(오른쪽) 그리스, 코린토스 박물관

    그런데 위에 보이는 두 개의 석관은 서로 많이 다르군요. 그림 39의 석관은 장식이 없어서 수수해 보입니다. 그런데 그림 40에는 재미있는 장식이 붙어 있군요, 자세히 보세요. 모서리에는 소 머리가 있고, 머리 양쪽으로는 뿔 모양의 장식이 있습니다. 이 장식은 소의 뿔처럼 일정한 길이에서 끝나는 것이 아니고 다음 모서리에 있는 소의 뿔 돋는 자리로 연결됩니다. 바로 풍요의 뿔 장식입니다. 조금 전에 풍요의 뿔 장식은 저승 및 저승에서의 풍요로운 제2의 삶과 밀접한 관계가 있다고 했지요? 살아남은 사람들은 세상 떠난 사람이 누리게 될지도 모르

는 저승에서의 풍요로운 제2의 삶을 기원하기 위해 이런 장식을 덧붙인 것 같습니다.

왜 석관에다 이런 장식을 했던 것일까요?

저승을 지키는 신 혹은 저승왕은 우리가 알고 있는 '염라대왕' 같은 존재입니다. 염라대왕……, 저승차사를 보내어 산 사람의 영혼을 저승으로 데려가는 무시무시한 존재입니다. 하데스도 '타나토스(죽음)'라고 불리는 저승차사를 보내어 산 사람의 영혼을 저승으로 데려가는 무시무시한 존재입니다. 그런데 하데스에게는, 하데스와는 도통 어울리지 않을 듯한 별명이 있습니다. 바로 '플루토스Ploutos'입니다. '플루토스'는 '재보財寶', 혹은 '넉넉하게 하는 자'라는 뜻입니다. 원자력 발전소에서 쓰이는 무시무시한 금속 '플루토늄'은 바로 '플루토스의 금속'이라는 뜻입니다. 어둡고 음습한 저승의 왕 하데스에게 이렇게 긍정적인 별명이 붙어 있는 것이 좀 이상하지 않아요? 하지만 그리스에는 지극히 부정적인 것에 오히려 지극히 긍정적인 별명을 붙이는 풍속이 있었나 봅니다. 저승에는 망령을 저승 땅으로 싣고 가는 뱃사공이 있는데요, 이 뱃사공의 이름 '카론'은 '기쁨'이라는 뜻이랍니다. 저승이 얼마나 싫었으면 이런 이름들을 붙였을까 싶기도 하고, 이승의 삶을 팍팍하게 살던 옛 그

그림 41 하데스가 무시무시한 신인 것만은 아닙니다. 이 항아리 그림에 등장하는 하데스는 풍요의 뿔을 든, 풍요의 신입니다. 앞에, 쟁기를 든 곡식의 여신 데메테르가 서 있군요. 기원전 5세기의 항아리.

그림 42 풍요의 뿔 이미지 속의 카론의 돋을새김. 그리스, 코린토스

리스인들에게는 실제로 저승이 그렇게 긍정적으로 느껴지기도 했을 것이라는 상상도 가능합니다.

그러나 그저 듣기 좋으라고 붙은 이름만은 아니지요. 흙으로 돌아간다는 것, 저승 땅으로 내려간다는 것은, 씨앗만 묻으면 키워주고 열매 맺게 해주는 넉넉한 대지의 품안으로 돌아간다는 것이 아니겠어요?

그림 42는 석관의 돋을새김입니다. 둥근 것은 단순한 화환이 아닙니다. 군데군데 과일이 박혀 있지 않아요? 이것은 명백한 '풍요의 뿔' 상징입니다. 그렇다면 노를 젓고 있는 이 노인은

바로 저승 강의 뱃사공 카론입니다. 고집 세기로 유명한 이 노인은 동전 한 닢을 받지 않으면 죽은 자의 영혼을 이 배에 태워 주지 않는답니다. 그래서 그리스인들은 죽은 사람의 입에 동전 한 닢을 물려 장사 지내는 풍습이 있지요.

이런 돋을새김이 석관에 있다는 게 의미심장합니다. 가까운 사람을 저승으로 보내는 이들은 세상을 떠난 이가 어두운 저승 세계로 가는 것이 아니라 '기쁨'이라는 배를 타고 '풍요'가 기다리는 저승으로 가고 있다고 믿고 싶었을 테지요.

중요한 것은 저승신 하데스, 즉 플루토스에게도 막강한 '풍요의 뿔'이 있다는 것입니다. 플루토스는 이 '풍요의 뿔'에 손을 넣기만 하면 원하는 것은 무엇이든 꺼낼 수가 있는 것이지요. 그림 41을 보세요. 하데스가 들고 서 있는 풍요의 뿔을 보세요. 온갖 과일이 꽉 차게 들어 있지요? 이 풍요의 뿔은, 꺼내면 꺼내는 족족 꺼낸 만큼 다시 차오른답니다.

하데스 앞에 서 있는 여성은 데메테르입니다. 바로 하데스의 손에 저승으로 붙잡혀온 저승 왕비 페르세포네의 어머니이지요. 페르세포네는 대지와 곡식의 여신 데메테르의 딸로, 씨앗의 운명을 상징하는 여성입니다. 자, 대지의 여신 데메테르의 딸인 씨앗의 여신 페르세포네, 그리고 저승신이자 풍요의 신이

그림 43 1년의 반은 저승 땅에서 반은 어머니와 함께 지내야 하는 저승 왕비 페르세포네의 운명은 씨앗의 운명을 상징한답니다. 바로 풍요의 상징이기도 하지요. 19세기 화가 프레드릭 레이튼의 그림.

서울 헤라클레스

그림 44 이 석관은 소를 신성시하는 문화권에서 만들어졌을 가능성이 있습니다. 풍요의 뿔이 소뿔로 되어 있습니다. 풍요의 뿔의 원형입니다. 그리스, 테살로니카

그림 45 풍요의 뿔을 아기가 받쳐들고 있습니다. 재생을 상징하는 듯합니다. 석관 위의 아름다운 꽃은 '부겐빌리아'입니다.

그리스, 코린토스

기도 한 하데스와의 관계, 한번 생각해보세요. 그리스인들이 석관에다 풍요의 뿔을 돋을새김한 까닭을 어렴풋이나마 짐작할 수 있겠지요?

신세계 백화점의 풍요의 뿔 장식은 그렇다면 저승의 왕 하데스의 풍요의 뿔을 상징하는 것일까요? 백화점이 성탄과 연말연시를 맞는 고객들에게 저승신을 상징하는 풍요의 뿔로써 축하를 보내고 있는 것일까요? 그럴 리야 없겠지요. 그렇게 큰 백화점을 장식하는 사람들이 연말연시를 맞는 고객들에게 축하한답시고 그렇게 불길한 상징적 의미를 전할 리는 없을 겁니다. 그렇다면 다른 의미가 있는 게 분명합니다.

물론입니다. 풍요의 뿔에 얽힌 이야기는 여기에서 그치지 않습니다.

아켈로오스의 슬픈 고백

미리 밝혀두거니와 이 이야기는 내가 2000년에 펴낸 『이윤기의 그리스 로마 신화』에다 쓴 적이 있습니다. 하지만 이 책에서 다시 한번 곱씹어보고 싶군요. 조금 다르게 쓰겠습니다.

서울 헤라클레스

영웅 테세우스가 그리스 뭇 영웅들과 어울려 칼뤼돈에서 멧돼지 사냥을 끝내고 아테나이로 되돌아가는 도중이었는데요, 강의 신 아켈로오스가 이 영웅의 길을 막았지요. 아켈로오스가 길을 막은 것은 테세우스에게 해코지를 하기 위해서가 아니었어요. 영웅 헤라클레스에게 뿔을 뽑힌 기막힌 사연을 하소연하기 위해서였지요. 강의 신 아켈로오스의 하소연은 간곡합니다.

"테세우스 님……, 가짓수는 얼마 안 되지만 나도 초라하나마 둔갑술을 익힌 처지라 더러 짐승으로 둔갑하기도 합니다. 나는 대개의 경우에는 지금 그대가 보시는 모습을 하고 있지만, 때로는 뱀, 혹은 여섯 가축 중에서는 으뜸인 황소로 둔갑하기도 합니다. 황소의 힘이 뿔에서 나온다는 것은 아시지요? 나도 한때는 뿔이 두 개인 황소로 둔갑할 수도 있었습니다만, 지금은 둔갑해도 외뿔 황소로밖에는 둔갑이 안 됩니다. 한쪽 뿔은 뽑혔던 것이지요…… 거참, 묘한 이치지요? 절름발이 신은 황소로 둔갑해도 절름발이 황소로밖에는 둔갑이 안 되니까요…….

이 기막힌 사연을 좀 들어보십시오. 이 세상에 제가 진 싸움 이야기를 하기 좋아할 자가 어디에 있겠습니까? 하지만 말이 나온 김에 말씀드리기로 하지요. 싸운 것 자체의 영광이 패배

의 불명예를 덮을 수 있다면 말씀드려도 좋겠지요. 나는 그때의 싸움에서 진 것을 몹시 부끄러워합니다만, 싸운 상대가 온 세상이 다 아는 영웅 헤라클레스였다는 사실로 위안을 삼는답니다.

데이아네이라라는 이름 들어보셨겠지요? 참으로 아름다운 처녀였답니다. 어쩌나 아름다웠던지, 한다 하는 젊은이들이 모두 이 처녀를 아내로 삼으려고 그 아버지의 왕궁으로 몰려갔답니다. 나도 이 처녀를 얻으려고 장차 내 장인이 될지도 모르는 분께 달려가 이런 말을 했습니다.

'오이네우스 왕이시여. 저를 사위로 삼아주소서.'

그런데 저 유명한 헤라클레스도 나와 같은 생각으로 거기에 와 있었습니다. 결국 다른 구혼자들은 다 떨어지고 나와 헤라클레스만 사위 후보로 남게 되었지요. 나의 '라이벌'이 된 헤라클레스는 데이아네이라를 제우스의 며느리로 삼아야 한다면서, 말하자면 자기가 제우스 신의 아들이라는 것을 위세하면서 자기 업적을 자랑합디다. 아시다시피 헤라 여신은 헤라클레스에게 인간으로서는 도저히 할 수 없는 열두 가지 일을 맡기지 않았습니까?

나는 왕에게 이런 말을 했습니다.

그림 47 B. 스프랑거의 〈헤라클레스와 데이 아네이라〉. 그림 왼쪽 위에 에로스가 그려져 있군요. 사랑에 푹 빠진 모양입니다.

'신이 인간에게 질 수는 없는 노릇입니다. 왕이시여, 저는 전하의 땅, 비탈진 물길을 도도히 흐르는 물의 왕, 강의 신입니다. 전하의 사위가 되고자 하는 저는 낯선 해변에서 온 이방인이 아니라 전하의 백성 중 하나이고, 전하가 다스리시는 왕국의 일부입니다. 천궁 올림푸스의 왕후이신 헤라 여신의 미움을 사지 않았다고 해서, 헤라 여신으로부터 어려운 시험을 부여받지 않았다고 해서 저를 내치지는 마소서…….'

그러고는 헤라클레스에게도 말로써 다짐을 받으려 했지요.

'……그리고 헤라클레스, 자네 말이야, 자네는 제우스 대신大神

의 아들이라고 하는데 내가 알기로는 참으로 터무니없는 주장 같아. 자네는 제우스 대신의 아들일 리 없을 터이거니와 만일에 자네가 아들이라고 하더라도 이 또한 자랑거리가 될 턱이 없어. 무슨 까닭이냐? 자네가 만일에 제우스 대신을 아버지라고 부른다면 자네는 이로써 그대 어머니의 간통을 인정하는 셈이 된다. 자, 어쩔 터인가? 제우스 대신의 아들이 아니라는 것을 인정할 터인가, 아니면 제우스 대신의 아들이라고 우김으로써 자네가 참으로 부끄러운 간통의 씨앗이라고 할 테냐?'

헤라클레스는, 이런 말을 하는 동안 내내 나를 잡아먹을 듯이 노려보더니만 화를 삭이지 못하고 영웅들이 대개 그렇듯이 우렁찬 소리로 이렇게 응수합디다.

'나는 말은 잘 못하는 사람이나 손 쓰는 데는 자신이 있는 사람이다. 만일에 나와의 싸움에서 네가 이기면 네 말이 맞는 것으로 하자.'

아, 이러더니 내게 달려듭디다. 큰소리를 친 참이라 물러서기가 창피하더군요. 나는 물빛 푸른 옷(강의 신이니 옷은 당연히 물빛이지요)을 벗어 던지고, 두 손을 가슴에다 끌어다 붙이고 방어 자세를 취함으로써 싸울 채비를 했습니다.

그랬더니 헤라클레스가 손을 모으고는 흙을 한 움큼 퍼가지

그림 48 아들 헤르메스의 도움을 받으며 알크메네의 방으로 올라가기 위해 사다리를 들고 접근하는 제우스(부자간에 잘하는 짓이군요). 이날 밤에 잉태되는 아기가 뒷날의 헤라클레스입니다.

고 내게 뿌리는 것이 아니겠습니까? 나도 황토를 퍼가지고 그 친구에게 뿌렸지요. 온몸이 누렇게 흙투성이가 되도록 뿌렸습니다.

헤라클레스는 내 목을 노리는가 하면 어느새 다리를 노리는 등 변화무쌍한 기술을 구사하며 정신 없이 공격해왔습니다. 하지만 나는 보시다시피 몸이 여간 무거운 게 아닙니다. 그러니 그 친구의 공격에 끄떡도 하지 않았을 수밖에요. 파도의 노호에 시달리면서도 그 우람한 모습으로 꿈쩍도 않고 의연하게 서 있는 거대한 바위처럼 말입니다.

서울 헤라클레스

우리는 잠시 떨어졌다가, 서로 지지 않으려고 디딘 땅에 발을 단단하게 붙이고 다시 맞붙었습니다. 나는 허리를 구부린 채 그 친구의 손을 깍지 끼고 내 이마를 그 친구의 이마에다 붙였습니다. 나는 언젠가 아주 근사한 풀밭에서 황소 두 마리가 잘생긴 암소를 두고 맹렬하게 싸우는 것을 본 적이 있습니다. 다른 소들은 누가 그 싸움에서 승리해서 암소를 차지하게 될 것인지 몹시 궁금했던 나머지, 불똥이 저희들에게 튈 가능성이 있는데도 불구하고 두려움에 떨면서 구경하고 있었고요. 우리 둘이 그 황소와 비슷했지요. 헤라클레스는 세 번이나 제 가슴을 내 가슴에다 대고는 나를 밀어붙였습니다. 그러다 뜻대로 되지 않자 내 손을 뿌리치고는 나를 한 대 쥐어박는데, 사실을 말하기로 결심한 김에 솔직하게 말씀드리리다. 정신이 없더군요. 내가 비틀거리는 틈을 이용해서 이 친구가 재빨리 내 등에 올라탑디다. 내 말을 믿으세요, 나는 그대로부터 존경을 받으려고 불려서 말하고 있는 게 아닙니다. 등에다 헤라클레스를 달고 있으려니 흡사 산 밑에 깔려 있는 것 같았다는 내 말에 과장 같은 것은 섞여 있지 않습니다. 나는 어찌어찌해서, 온통 땀에 젖은 내 팔을 그 친구의 팔과 내 가슴 사이에다 찔러 넣을 수 있었습니다. 말하자면 내 몸을 조르는 그 친구의 팔을 좀 느슨하게 풀 수 있었던 것이지요. 그러나 다소 느슨해졌다고는 하나 여전히 제대로 숨을 쉴 수가 없고 힘을 쓸 수가 없습디다. 헤라클레스는 잠시 후 팔로 내 목을 감더니 땅바닥에다 내동댕이 칩디다. 나는 흙바닥에 무릎을 꿇지 않을 수 없었지요.

힘으로는 안 되겠다 싶은 생각이 들길래 나는 방법을 바꾸어 긴 뱀으로 둔갑, 재빨리 그의 손아귀를 빠져나왔습니다. 그러나 내가 몸으로 나선형 똬리를 만들어 갈라진 혀로 쉭쉭 소리를 내고 있는 걸 본 헤라클레스는 내 재주를 비웃으며 이런 말을 하는 것이 아니겠습니까?

'강보에 싸여 있을 때 뱀을 잡은 나다. 아켈로오스야, 네가 뱀으로 둔갑은 했다만, 레르나 샘의 거대한 뱀 히드라에 견주어보니 네 모양이 초라하기 그지없구나. 아홉 개나 되는 히드라의 머리는 예사 머리가 아니었느니, 하나를 자르면 전보다 튼튼한 머리가 둘씩이나 돋아났으니 말이다. 그러나 그 머리가 아무리 많이 돋아나면 무얼 하느냐, 자르는 족족 돋아나면 무얼 하고 해치려는 자의 힘을 제 힘으로 이용해먹으면 무얼 하느냐. 결국은 내 손에 도륙을 당하고 말았다.'

아, 이러더니 손을 쓱 내밀어 뱀으로 둔갑한 내 목을 잡죄는 것이 아니겠어요? 숨이 콱 막힙디다. 나는 그 친구의 손아귀에

서울 헤라클레스

그림 50 머리가 아홉 개나 되는 거대한 뱀 히드라를 죽이는 헤라클레스.

그림 49 태어난 지 아흐레 만에 두 마리의 뱀을 목졸라 죽이는 헤라클레스. 뱀으로 둔갑한 아켈로오스는 드디어 임자 만난 겁니다.

서 빠져나오려고 몸부림을 쳤지요.

　나는 둔갑하고도 그 친구에게 지고 만 것입니다. 하지만 내게
는 둔갑할 거리가 하나 남아 있었습니다. 우람한 황소로 둔갑하
는 것이지요. 그래서 나는 황소로 둔갑하고 싸움을 다시 시작했
습니다. 그러나 내 상대는 재빨리 내 왼쪽으로 몸을 비키더니 팔
을 내 목에다 감습디다. 나는 그의 팔을 털어내려고 머리를 흔들
었습니다만, 그 친구는 내 목을 아래로 꺾어 뿔을 땅바닥에다 박
아버립디다. 이로써 놓아줄 줄 알았지만 어림도 없었어요. 그 친
구는 내 뿔 하나를 그 우악스러운 손으로 잡더니만, 뚝 분질러

서울 헤라클레스

버리는 게 아닙니까? 나는 이로써 공격 무기를 잃은 것입니다.

다행히 물의 요정 나이아스들이 이 뿔을 거두어 안에다 과일을 넣고 향기로운 꽃을 꽂아 신들께 바쳤지요. 그러자 자비로우신 코피아(豐饒) 여신께서 이 뿔을 축복하시니, 여신께서 축복하신 뒤로는, 요정들이 아무리 꺼내어도 이 뿔에는 늘 과일과 꽃이 차더라고 합니다. 그러니까 나의 뿔은 이때부터 '코르누코피아(풍요의 뿔)'가 된 것이지요."

아켈로오스의 이야기는 여기에서 끝납니다. 이윽고 새벽이 오고, 이어서 아침 햇살이 산봉우리를 어루만지기 시작하자 테세우스 일행은 다시 길을 떠납니다. 강물이 평화로워질 때까지, 강바닥이 빌 때까지 기다릴 수 없었던 것이지요. 일행이 떠나자 아켈로오스는 그 험상궂은 얼굴과 뿔 하나 뽑힌 자리가 흉터로 남아 있는 머리를 강물에다 담그고 모습을 감추었다는 것입니다.

아켈로오스의 말에 따르면, 풍요의 뿔 코르누코피아는 강의 신 아켈로오스 자신의 뿔입니다. '코피아' 여신이 축복을 내린 뒤부터는 꺼내면 꺼내는 족족, 꺼낸 만큼 다시 차오르는 마법의 뿔이 되었다는 것이지요. 풍요를 상징하는 코피아 여신의 별명은 '보나 데이', 즉 '좋으신 여신'이란 뜻입니다. 보티첼리

그림 52 오른손에 풍요의 뿔을 들고 서 있는 풍요의 여신 코퍼아. 보티첼리의 그림.

그림 53 풍요의 뿔을 들고 서 있는 풍요의 여신. 로마, 바티칸 박물관

서울 헤라클레스

가 그린 그림 52는 바로 아켈로오스의 뿔을 든 코피아 여신을
그린 것입니다. 그림 53 역시 풍요의 여신을 새긴 것이고요.

이제 신세계 백화점의 풍요의 뿔 장식이 어디에서 왔는지 짐
작하시겠지요? 하지만 이 '뿔'의 상징성에 관한 이야기는 끝나
지 않았습니다. '풍요의 뿔'이야기는 남성의 뿔이라고 할 수 있
는 남근 이야기, 여성의 뿔이라고 할 수 있는 조개 이야기로 이
어집니다. 뿔의 상징성은 깊고도 은밀합니다.

뱀과 황소

강은 굽이쳐 흐르면서 끊임없이 건너편 언덕을 깎아냅니다. 침
식 작용이지요. 강은 이렇게 깎아낸 흙을 건너편으로 날라갑니
다. 운반 작용인 것이지요. 강은 이렇게 날라간 것을 그 언덕에
서 조금 떨어진 곳에다 쌓지요. 이것이 바로 퇴적 작용입니다.
강의 이 버릇이 결국은 저 자신의 얼굴을, 힘껏 당겼다 놓아버
린 고무줄 모양, 혹은 구불텅거리면서 기어가는 뱀 모양으로
만들고 마는데 사람들은 이런 강을 사행천蛇行川, 즉 '뱀 모양으
로 흐르는 강'이라고 부르지요.

그림 54 만화가 최정현 씨는 만화 『반쪽이, 세계 오지를 가다』에서 아마존강을 설명하면서 사행천을 잘 그려 보여주고 있네요. 강의 흐름에서 떨어져나간 호수는 '우각호'라고 불리지요. '소뿔 호수'라는 뜻이지요.

사행천은 구불텅구불텅거리다 아예 늪지에다 호수 하나를 남기고 흘러가기도 합니다. 이 호수가 바로 우각호, 즉 '소뿔 호수'인 것이지요.

아켈로오스 강의 흐름은 발정기의 황소를 연상시켰을 가능성이 있습니다. 아름다운 처녀 데이아네이라를 사이에 둔 헤라클레스와 아켈로오스의 한판 싸움은 벌판에서 맞붙은 두 마리의 황소를 연상시킵니다. 헤라클레스의 승리는 뱀처럼 구불텅거리며 흐르다 우기가 되면 범람하는 강을 제방이나 운하로 다스린, 말하자면 치수 사업의 성공 사례를 말하고 있는 것 같지 않

서울 헤라클레스

그림 55 풍요의 뿔을 들고 누워 있는 강의 신입니다. 어느 강의 신일까요? 강의 신 팔꿈치에
스핑크스가 있는 것으로 보아 나일강의 신일 테지요. 파리, 콩코드 광장

그림 56 풍요의 뿔을 안고 누운 강의 신. 어느 강의 신일까요? 늑대의 젖을 먹는 두 아기가 보이네요. 로마의 시조 로물루스와 레무스입니다. 그러니까 로마 시내를 흐르는 티베리스 강일 테지요. 파리, 콩코드 광장

서울 헤라클레스

그림 57 중국 감숙성의 난주는 황하를 끼고 있는 큰 도시입니다. 바로 이곳에 '황하 여신상'이 있습니다. 현지 사람들은 '황하 어머니 상'이라고 부릅니다. 나일강의 신이나, 티베리스 강의 신을 염두에 두고 조성한 석상일 가능성이 매우 높아 보였지요. 나는 중국인들이 왜 '강의 신'을 남성으로 그리지 않고 여성으로 그리고 있는지 그게 궁금했습니다. 흙탕물이 도도히 흐르는 황하는 여신에 견주어지기에는 어딘가 모자란 듯싶었으니까요. 하지만 그 궁금증은 곧 풀렸습니다.

그림 58 여신상에서 그리 멀지 않은 곳에 서 있는, 황하를 상징하는 황소 상입니다. 여신상으로 황하를 나타내기는 아무래도 미진하게 느껴졌던 모양이지요?

은가요? 강을 다스려놓으면 인근의 퇴적지는 옥토가 됩니다. 그 옥토야말로, 씨앗만 묻어두면 저절로 자라 열매를 맺어서 사람들에게 끊임없이 먹거리를 제공하는 풍요의 뿔이 아니겠어요?

우리 민담이나 전설에도 풍요의 뿔과 아주 비슷한 '화수분 단지' 혹은 '화수분 멧돌'이 나옵니다. 아무리 퍼내어도 곡식이 채워지는 화수분 단지, 돌리기만 하면 곡식이 계속해서 갈려 나오는 화수분 멧돌인 것이지요.

"그런데 그게 신세계 백화점 장식과 무슨 상관이 있어요?"

이렇게 묻는 독자들이 있겠지요. 한숨 돌리고 난 뒤에 계속 쓰지요.

서울 헤라클레스

chapter 3

고추도 풍요의 뿔이다?

바구니 하면 어떤 바구니를 연상하지요? 나는 대뜸 대나무 껍질을 벗겨 짠 대바구니를 연상합니다. 대바구니는 아가리가 바닥보다 넓은 것이 보통이지요. 어린 시절 우리가 짊어지고 다니면서 소가 먹을 풀을 베어 넣던 망태기(표준말로는 '구럭')는 바닥에 견주어 아가리가 비좁아서 세워놓으면 꼭 야트막한 항아리 같았지요. 그런데 프랑스 파리의 한 과일 가게에서 덩굴로 엮은 이상한 바구니를 보았습니다. 세상에, 바닥이 없는 바구니가 다 있네요? 사진을 보세요. 넓은 아가리에서 아래로 내려갈수록 좁아지다가 바닥에 이르는 순간 바구니는 끝납니다.

그림 59 파리의 시장에서 본 원뿔 모양의 바구니.
그림 60 왜 실용성이 없어 보이는 이런 바구니를 쓸까요?

　바구니라면 물건 담는 데 쓰여야 하잖아요? 그러자면 아가리와 바닥의 넓이에 차이가 없어야 합니다. 말하자면 대바구니 같거나 망태기 같아야 하는 것이지요. 그게 아니라면 적어도 원통꼴은 되어야 하겠지요. 그런데 파리의 과일 가게에서 내가 본 바구니, 로마의 한 바구니 가게에서 내가 본 바구니는 바닥이 없었어요. 바닥이 없으니까 세워놓을 수가 없지요. 그래서 파리의 과일 가게에서 본 바구니는 누워 있었고, 로마의 바구니 가게에서 본 바구니는 벽에 걸려 있었던 겁니다. 자세히 보세요. 원뿔 모양이잖아요? 원뿔 모양으로 바구니를 만들면 쓰

고추도 풍요의 뿔이다?

 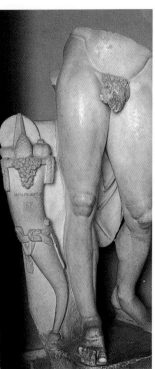

그림 61 로마의 거리에서 본 원뿔 모양 바구니.
그림 62 신원 미상의 남성상 옆에 놓인 풍요의 뿔. 이 남성이 누구일까요?

임새가 좋을 리 없지요. 우선 원뿔 모양 바구니에 들어가는 내용물은 원통 모양 바구니에 들어가는 내용물에 견주면 터무니없이 적습니다. 게다가 세워놓을 수도 없어서 벽 같은 데 걸어 놓아야 합니다. 이렇게 불편한 바구니를 왜 만들어서 쓰는 것일까요? 분명히 까닭이 있겠지요.

이 바구니가 어디에서 왔는지, 짐작할 수 있겠어요?

헤라클레스의 기념품

그림 62를 보세요. 한 남성이 풍요의 뿔을 옆에 세워두고 서 있습니다. 내가 파리의 거리, 로마의 거리에서 본 것과 똑같은 원뿔 모양입니다. 사타구니를 떡갈나무 잎으로 가린, 상당히 근육질적인 사내입니다. 하지만 우리는 이 사내가 누구인지 알 수 없습니다. 풍요의 뿔과 직접적인 관계가 있는 신이나 인간은, 소로 둔갑한 아켈로오스의 뿔을 뽑은 헤라클레스, 뿔을 뽑힌 아켈로오스, 이 뿔에다 과일과 꽃을 채워 풍요의 여신 코피아에게 가져다준 물의 요정들, 그리고 그 뿔에 축복을 내려 비는 족족 빈 만큼 다시 차게 하는 코피아 여신뿐입니다. 하지만

고추도 풍요의 뿔이다?

그림 63 풍요의 뿔을 든 나일강의 신. 강의 신이 똑바로 선 모습으로 그려지거나 새겨지는 예는 거의 없지요. 파리, 콩코드 광장

코피아 여신이나 물의 요정들은 모두 여성입니다. 따라서 이 대리석상의 주인공일 수는 없지요. 강의 신 아켈로오스는 어떨까요? 아켈로오스도 아닙니다. 강의 신을 똑바로 선 모습으로 새긴 대리석상은 없다시피 합니다.

  그림 63은 강의 신을 새긴 대리석상입니다. 아주 편한 자세를 취하고 있는 까닭을 아세요? 강이 평화롭게 흐르듯이 강의 신도 아주 편안하고 평화로운 자세로 앉아 있는 것이지요. 이 신이 어느 강의 신인지 짐작할 수 있겠어요? 이런 종류의 온전한 대리석상일 경우 주인공이 누구인지 짐작하는 것은 어려운

일이 아니지요. 하마가 보이는군요. 하마와 하마 사이에는 연실(연꽃 열매)도 보이지요? 바로 이집트의 나일강입니다.

자, 그렇다면 그림 62로 돌아가보기로 하지요. 이 대리석상의 주인공이 강의 신 아켈로오스가 아니라는 것이 이제 명백해진 셈입니다. 그러면 누굴까요? 그림 64가 그 단서를 제공합니다.

그림 64의 사내는 머리에다 사자가죽을 쓰고 있군요. 이 사자가죽은 헤라클레스가 맨손으로 때려잡은, 혹은 몽둥이로 때려죽인 네메아의 사자가죽입니다. 헤라클레스는 네메아의 빛나는 승리를 기념하느라고 평생 사자가죽은 쓰고 몽둥이는 들고 다녔던 것이지요. 사자가죽을 쓰거나 어깨에 두르고 몽둥이를 들거나 어깨에 메고 있는 남성상은 헤라클레스로 보면 거의 틀림이 없습니다. 머리에는 사자가죽을 쓰고 한 손에는 풍요의 뿔을 든 남성의 대리석상이라면 더 말할 것도 없지요. 헤라클레스는 아켈로오스와의 싸움에서 승리한 것을 기념이라도 하고 싶어 하는 것 같군요. 헤라클레스와 아켈로오스 이야기는 풍요의 뿔, 즉 코르누코피아의 내력을 설명하는 세 가지 이야기 중 하나에 지나지 않습니다.

고추도 풍요의 뿔이다?

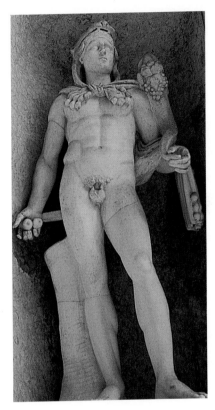

그림 64 **풍요의 뿔을 든 헤라클레스**. 로마, 바티칸 박물관

2년 전, 아테네의 올림푸스 공항에서 크레타섬으로 가는 비행기에 오르면서 혼자서 피식 웃은 일이 있습니다. 왜 웃었는가 하면, 크레타섬으로 가는 항공기가 바로 '크로노스 항공사' 소속이었기 때문입니다. 내가 웃은 데는 내력이 있습니다.

제우스는 크로노스와 레아 사이에서 난 막내아들입니다. 하지만 제우스의 어린 시절은, 수많은 신들과 영웅들의 어린 시절이 그렇듯이 매우 불우하지요. 그 까닭은 아버지 크로노스에게는 자식이 태어나는 족족 삼켜버리는 괴상한 버릇이 있었기 때문이지요. 크로노스는 '시간'의 신으로 일컬어집니다. 크로노스가 자식이 태어나는 족족 삼켜버리는 것은, 때가 되면 이 세상에 태어나는 것들을 소멸시키는 시간의 운명을 상징한다고 하지요. 크로노스는 커다란 낫과 모래시계를 든 모습으로 잘 그려집니다.

제우스가 태어날 당시 크로노스의 배 속에는 이미 레아가 낳은 5남매가 들어 있었답니다. 뒷날 바다의 신이 되는 포세이돈, 저승의 신이 되는 하데스, 제우스의 아내가 되는 헤라, 불씨의 여신 헤스티아, 곡식과 대지의 여신 데메테르가 이들입니다.

고추도 풍요의 뿔이다?

그림 65 푸생의 〈질투와 혼란으로부터 진리를 지키는 시간의 신〉. 크로노스의 낫을 에로스가 들고 있군요.

신화의 세계에서는 설명하기 어려운 일도 자주 일어나는 법이지요. 이 5남매는, 제우스가 장성할 때까지 아버지의 배 속에서 조금도 소화되지 않은 상태로 기다렸던 모양입니다.

제우스가 태어나자 크로노스는 또 레아에게 갓난아기를 달라고 했지요. 아기 제우스의 어머니 레아는 더 이상 참을 수가 없었지요. 그래서 지아비인 크로노스를 속이기로 마음먹습니다. 레아는 아기 제우스를 숨긴 다음, 기저귀에다 아기만 한 바위를 하나 싸서 크로노스에게 줍니다. 크로노스는 의심 없이 그것을 삼킵니다. 아내에게 속아 아기인 줄 알고 바위를 삼킨 셈입니다.

그림 66 산신山神이 짜준 젖을 먹는 아기 제우스와, 멜리세우스 왕실의 공주들. 푸생의 그림.

레아가 아기 제우스를 피신시킨 곳이 바로 크레타섬입니다.
제우스는 이 섬나라에서 섬나라 왕 멜리세우스의 딸들 손에 맡
겨집니다. 하지만 멜리세우스의 딸들도 왕궁에서는 제우스를
길러내지 못합니다. 울음소리가 어찌나 큰지 크로노스가 자기
아들 울음소리를 듣고 금방이라도 달려올 것 같았기 때문이지
요. 그래서 공주들은 아기 제우스를 데리고 이다산의 동굴에
숨게 됩니다. 공주들은 처녀들이었던 모양이지요? 젖을 먹일
수 없었던 것을 보면요. 공주들은 암양(혹은 암염소) 한 마리를
구해, 아기 제우스에게 양의 젖을 먹입니다. 그런데 이 대목이

그림 67 아말테이아의 젖을 먹는 아기 제우스. 푸생의 그림.

조금 이상합니다. 왜 그런가 하면 신들은 원래 태어나는 순간에 장성해버리거든요. 신화에는 이렇게 서로 모순되는 이야기들이 나오는 경우가 자주 있습니다.

어쨌든 아기 제우스의 울음소리는 동굴을 울리게 됩니다. 공주들은 그 울음소리가 크로노스의 귀에 들어갈까 봐 산신들로 하여금 동굴 바깥에서 방패를 두드리게 합니다. 제우스는 이렇듯이 크로노스가 모르는 사이에 크레타섬에서 자라납니다. 내가 크레타섬으로 가느라고 '크로노스 항공사' 소속 항공기를 타는 순간 혼자 실소한 것은 크레타가 바로 제우스의 어머니

그림 68 염소 아말테이아와 아기 제우스. 아기 제우스 앞에는 목신牧神인 아기 판이 서 있네요.

레아와 멜리세우스의 공주들이 서로 짜고 크로노스를 감쪽같이 속여먹은 섬이기 때문입니다.

제우스는 크레타에서 자라 아버지 크로노스를 찾아갑니다. 빈손으로 간 것이 아닙니다. 토제吐劑, 즉 먹은 것을 토하게 하는 약을 준비해 가지고 가서 그 약을 아버지 크로노스에게 먹입니다. 그러자 크로노스는 삼켰던 자식 5남매를 모두 토해내지요. 물론 아기인 상태 그대로였지요. 이들 5남매는 제우스의 형들이자 누나들이면서도 자라기는 나중 자라 오히려 제우스가 이들의 형과 오라버니 노릇을 합니다. 제우스는 아버지 크로노스를 몰아내고 자신이 으뜸 신의 자리에 오르니 효자라고 볼 수는 없지요. 하기야 크로노스 역시 자기 아버지 우라노스를 몰아내고 대신 자리를 차지한 고약한 경력이 있는 신입니다.

제우스가 대신의 자리에 오른 직후, 젖어머니 아말테이아는 이승의 사명을 다하고 세상을 떠났다는 신화도 있고, 제우스가 멜리세우스의 딸들에게 은혜를 갚느라고 아말테이아를 죽였다는 신화도 있습니다.

제우스는 아말테이아의 뿔을 하나 뽑아, 여기에 불가사의한 권능을 부여하여 그것을 가진 사람이 바라는 것이면 무엇이든 그 뿔에서 나오게 한 것으로 전해집니다. 또 하나의 '풍요의 뿔'입니다.

남성과 여성의 코르누코피아

터키의 셀주크 박물관에 가면 매우 흥미로운 유물이 있습니다. 전시된 유물은 어둠 속에 묻혀 있지요. 스위치를 눌러야 불이 들어오고, 전시된 유물이 보입니다. 이 스위치는 어린아이들의 손이 닿지 않을 만한 높이에 달려 있지요. 스위치를 누른다고 해서 불이 오래 들어와 있는 것도 아닙니다. 1분 정도 뒤에는 꺼지게 되어 있습니다. 어린아이들이 보아서는 안 될 수상한 물건이 전시되어 있을 것 같지요.

바로 생식기가 큰 것으로 유명한 '베스' 신상입니다. 이 신은 터키 지역에서는 '베스'라고 불리지만 그리스에서는 '프리아포스'라고 불립니다. 프리아포스는 아프로디테와 디오니소스 사이에서 태어난 아들인데, 괴상한 몰골과 터무니없이 큰 생식기 때문에 어머니로부터 버림받다시피 한 자식입니다.

만일에 이 석상 하나만 보았다면 나는 프리아포스에게 주목하지 않았을 것입니다. 하지만 로마의 바티칸에서 남성의 성기가 풍요의 뿔에 견주어지는 대리석상을 또 한 기^圖 보게 됩니다. 바티칸 대리석상_{그림 73}의 생식기는 풍요의 뿔과 똑같은 내용물로 채워져 있었습니다. 그러니까 프리아포스는 흉물이 아니라 바로 풍요의 신이었던 것이지요.

이쯤 되면 이런 생각이 들 테지요.

"아이고, 정신 없다. 강의 신은 무엇이고, 헤라클레스가 뽑은 소의 뿔은 또 무엇이며, 지하의 신 하데스의 풍요의 뿔은 또 무엇이고, 프리아포스의 생식기는 또 무엇이냐, 아이고 헷갈린다."

헷갈릴 것 없어요. 내가 애독하는 신문의 다음 만화를 보세

그림 69 베스(프리아포스)의 석상.

요. 이 만화에 나오는 '다운이'는 겨우 세 살입니다. 겨우 세 살
배기인 다운이는 벌써 '고추'와 '조개'의 상징성을 꿰뚫고 있
습니다. 다운이처럼 표현하면 될 것을 신화는 왜 그렇게 에둘
러 가느냐고 물을 독자들이 있겠지요? 신화란 원래 그런 것입
니다. 신화란 알레고리(우화)입니다. 신화 쓰기란 원래 같은 것
을 '다르게 말하기 speaking otherwise'입니다. 신화는 결국 알레고리,
즉 '여느 방식과는 다르게 한 이야기 speech made otherwise than one seems to
speak'인 것이죠. 하지만 만화에 나오는 다운이같이 마음이 맑은
아이는 '다르게 말하여진 것'의 의미를 '한 방에' 알아들을 것

그림 70 홍승우의 만화 〈비빔툰〉.

입니다. 이것이 신화를 잘 읽는 방법입니다.

다운이도 알고 있는 조개 이야기를 빠트릴 수 없지요.

아프로디테는 거대한 조개를 타고 바다 위로 떠오른 여신입니다. 많은 예술가들이 그 광경을 떠올리면서 많은 작품을 제작했는데 이것이 바로 수많은 〈베누스의 탄생〉, 혹은 〈아프로디테의 탄생〉인 것이지요. 다운이도 알고 있는 조개 이야기를 빠뜨릴 수 없는 일이지만, 다운이도 알고 있는 조개의 상징적 의미를 길게 말하는 것도 우습지요?

그림 72에 등장하는 포모나는 과일을 주관하는 로마의 여신

그림 71 홍승우의 만화 〈비빔툰〉.

입니다. 그리스 신화에는 포모나가 등장하지 않습니다. 그런데 포모나 여신이 치마에 무엇인가를 싸들고 있습니다. 바로 과일인데요, 치마폭으로 과일을 감싸고 있는 이 여신의 대리석상은 바로 과일로 가득 차 있는 프리아포스의 생식기를 연상시킵니다. 그리스나 로마의 조각품들은 남성의 생식기에는 매우 관대합니다. 하지만 여성이나 여신의 경우, 젖가슴은 노출시켜도 생식기는 절대로 노출시키지 않습니다. 그래서 나의 상상력은 포모나의 치맛말은 포모나의 생식기를 묘사한 것이라고 가정합니다. 바로 여기에서 여성 생식기를 상징하는 것임에 분명한 조개

그림 72 과일의 여신 포모나. 치맛자락으로 과일을 싸들고 있습니다. 프리아포스의 '뿔'과
견주어보세요.

고추도 풍요의 뿔이다?

그림 73 풍요의 신 프리아포스가 옷자락으로 과일을 싸들고 있는 것 같지요. 아닙니다. 생식기 자체가 과일로 꽉 찬 풍요의 뿔이 되어 있습니다.(왼쪽) 로마, 바티칸 박물관

그림 74 그림 73의 세부.(오른쪽)

또한 '코르누코피아'의 변형일 것이라고 가정해보는 것이지요. 나의 가정은 코르누코피아 이미지와 함께 조개가 건축물의 장식에 자주 쓰여지는 까닭을 설명하는 데 유용할지도 모릅니다.

이제 처음의 원뿔 모양 바구니로 돌아가야겠군요. 바로 풍요의 뿔을 본떠 만든 것입니다. 실용성은 떨어지지만 그 바구니를 눕혀놓거나 걸어놓으면 과일이 끝없이 나올 것만 같은 즐거운 착각에 빠지지 않을까 싶군요.

그림 75 19세기 화가 부그로의 〈아프로디테의 탄생〉. 여신이 흰 조개 껍데기를 딛고 서 있지요?

그림 76 20세기 화가 르동의 〈아프로디테의 탄생〉. 역시 거대한 조개를 딛고 서 있습니다.

고추도 풍요의 뿔이다?

그림 77 조개 모양의 장식은, 다른 의미에서, 풍요의 뿔과 무관하지 않을 듯합니다. 로마

그림 78 풍요의 뿔 이미지와 조개 이미지가 하나로 통합되어 있습니다. 신화를 잘 아는 사람들에게 이 장식의 의미는 부르고 대답하는 듯이 명백해집니다. 로마

그림 79 이 프랑스혁명을 기념하는 조형물에도 아기가 받쳐든 풍요의 뿔 이미지가 있습니다. 프랑스, 바스티유

chapter 4

금강 역사가 사자가죽을 쓴 까닭

간다라 역사 기행

'간다라Gandara'……, 어디에서 많이 듣던 소리입니다. 미술 시간에도 역사 시간에도 많이 듣던 소리지요. 어디에서 많이 듣던 소린데, 뭔 소리더라……. 들을 때 이런 느낌을 주는 말이 있거든 그냥 들어 넘기지 말고 분명하게 되짚고 그 뜻을 되새겨 '내 것'으로 만들어버릴 것을 제안합니다. 이런 습관을 몸에 붙이는 것이 곧 공부입니다. 책상머리에 앉아 머리 싸동이고 하는 공부만 공부인 것은 아니지요.

'간다라'는 인더스강의 한 갈래 카불강 하류에 있는 평원의 옛 이름입니다. 옛날에는 인도에 속해 있었지만 지금은 파키스

탄의 페샤와르 지역에 속해 있지요. 이 간다라 지역이 왜 교과
서에 그렇게 자주 등장했을까요? 바로 이 지역이 중앙아시아
와 서아시아 사이의 문화 전파와 교역의 중심지인, 매우 중요
한 지역이었기 때문입니다. 서아시아는 유럽으로 이어지고, 중
앙아시아는 동아시아 3국, 즉 중국, 한국, 그리고 일본으로 이
어집니다. 그러므로 간다라는 동서양의 문화 교섭사에서 매우
중요한 위치를 차지하는 것입니다.

　기억을 더듬다 보면 '간다라'라는 말은 곧 '미술'이라는 말과
밀접한 관계가 있다는 것을 확인할 수 있을 것입니다. 그래요.

'간다라 미술'입니다. 간다라 미술……, 중앙아시아와 서아시아 문화 전파와 교역의 중심지에서 발달한 간다라 미술은 대체 어떤 것일까요? 간다라 미술은 간다라에서 발전한, 그리스 로마풍의 불교 미술을 말합니다. 고대의 인도 땅에서 발전한 그리스 로마풍의 불교 미술……, 이게 도대체 무슨 소린가 싶겠지요?

석가모니 부처님이 이 세상에 오신 것은 기원전 6세기의 일입니다. 그러나 이 위대한 스승인 부처님의 모습, 즉 불상은 그당시는 물론이고 그 뒤로도 한동안은 제작되지 못했습니다. 그런 문화적 전통이 인도에 확립되어 있지 못했던 것이지요. 불상 대신 깨달음의 나무 보리수, 스투파(불탑), 진리를 뜻하는 바퀴(법륜), 연꽃 새겨진 보좌 따위의 상징적인 모습이 새겨졌을 뿐입니다. 그러다 기원전 3세기경, 이 간다라 지방에서 처음으로 불상이 만들어지는데 이 불상이 바로 '간다라 불상'입니다.

간다라 불상을 중심으로 하는 간다라 불교 미술, 그중에서도, 뭘 그리거나 새기기를 좋아하는 그리스와 로마의 영향을 집중적으로 받은 불교 미술이 바로 '간다라 미술'입니다.

간다라 불상의 특징은 부처님의 눈언저리가 깊고, 콧날이 우뚝한 데다 입술선이 선명해서 흡사 서양 사람 같은 인상을 주

그림 81 **간다라 불상.** 캐나다, 왕립 온타리오 박물관

금강 역사가 사자가죽을 쓴 까닭

는 것이라고 합니다. 옷의 주름이 섬세하게 새겨져 흡사 그리
스의 신상 같다는 것입니다. 『그리스인의 모험』을 쓴 프랑스인
피에르 레베크는 1세기경 간다라에서 조성된 불상이 그리스의
신 아폴론을 빼다 박은 것 같은 데 충격을 받았다고 고백한 적
이 있습니다. 모습만 빼다 박은 것 같았던 것이 아닙니다. 간다
라 미술은 불상만 빚어낸 것이 아니라, 그리스 신화의 제우스
신상, 아테나 여신상, 헤라클레스 영웅상도 다양하게 빚어내었
답니다. 도대체 어떻게 이런 일이 생겼던 것일까요?

　그리스의 정복자 알렉산드로스 때문입니다. 알렉산드로스가 인도의 간다라까지 진출, 이곳에다 그리스풍의 왕국을 세우고, 그리스 문화를 전했기 때문입니다. 그러니까 인도에다 알렉산드로스가 확립한 그리스풍 문화가 '간다라 문화', 그리고 알렉산드로스가 인도 문화를 흡수, 그리스 문화에다 보태고 뒷날 로마가 꽃피운 것이 '헬레니즘 문화'인 것이지요.

알렉산드로스가 간다라 지역을 정복하고 왕국을 세운 것은 기원전 327년의 일입니다. 그런데 알렉산드로스가 그리스 문화를 전하기까지는 간다라에서 불상이 조성된 적이 없다고 했지요? 불상은 그리스의 조각 예술 전통이 도입된 간다라에서 처음으로 조성되었다고 했지요? 그렇다면, 그리스 조각 예술이 도입되지 않았더라면 불상의 조각은 오랜 세월 미루어졌을지도 모르는 일입니다.

간다라 미술 및 간다라 불상과 우리나라 불교 미술은 어떤 관계가 있는 것일까요? 불교가 우리나라로 들어온 것은 4세기, 고구려 소수림왕 때의 일입니다. 중국인 순도(順道)가 불상 및 불경을 고구려에 전했던 것이지요. 순도는 불교를 전한 뒤 고구려인으로 귀화한 것으로 전해집니다. 그렇다면 순도가 고구려에 전한 불상은 어떤 모습을 하고 있었을까요? 문제의 불상이 전해지지 않고 있어서 그 모습을 구체적으로 짐작하기는 쉽

그림 83 페르시아 왕 다리우스
(다레이오스) 앞에 선 알렉산드
로스. 티에폴로의 그림.

지 않지만, 그 불상 역시 간다라 미술의 영향을 깊이 받은 불상
이었을 것이라는 짐작은 가능합니다. 석굴암의 아미타불상(석
가모니 부처상이 아니라는군요)을 가만히 보고 있으면 간다라 미
술의 꽃이라고 할 수 있는 간다라 불상들을 보고 있는 듯한 착
각, 여기에서 한 걸음 더 나아가면 그리스의 신상을 보고 있는
듯한 착각에 빠져들기도 합니다. 그럴 수밖에요. 미술사가들의
주장에 따르면, 우리나라나 일본의 불교 미술도 간다라 미술의
영향권에 속한다는군요. 그렇다면 우리나라의 불상도 그리스
의 신상과 무관한 것이 아니지요. 아니고말고요.

금강 역사가 제우스의 벼락을 들다?

자, 이제부터 그리스 신화 혹은 그리스 미술이 어떤 모습으로 간다라 미술에 침윤해 있는지 살펴보기로 하지요. 간다라에서 제작된, 부처님의 일행을 그린 돋을새김 _{그림 84}을 주목해볼까요? 대영 박물관에서 이 돋을새김을 보는 순간 나는 눈을 의심했습니다. 이 돋을새김에는 〈헤라클레스의 사자가죽을 쓰고 제우스의 벼락을 든, 부처님의 보디가드 금강 역사〉라는 제목이 붙어 있습니다.

　부처님을 섬기던 간다라 사람들로서는 부처님의 보디가드에게 막강한 무기가 있다는 것을 보여주고 싶었을 테지요? 부처님이 손수 무기를 들고 다닐 수는 없는 노릇이잖아요? 그래서 간다라인들은 이 세상에서 가장 강력한 무기가 무엇일까, 고민했을 테지요. 그러다 벼락의 신 제우스와 인간의 피가 섞인 영웅 중에서 가장 강력한 영웅 헤라클레스를 떠올렸을 테지요. 그림 84에 보이는, 왼손에 칼을 든 사내가 오른손에 들고 있는 것은 '제우스의 벼락'이라는 제목의 설명과는 달리 실제로는 모가 나게 만든 몽둥이 같군요. 간다라인들은 제우스의 벼락을 그런 몽둥이로 상상했을 가능성이 있습니다. 이 몽둥이는 무엇이

금강 역사가 사자가죽을 쓴 까닭

그림 84 바즈라파니Vajrapani, 즉 '금강저 金剛杵, vajra를 든 사나이'. 대영 박물관이 보관하고 있는 간다라 시대의 돌을새김. 대영 박물관에서 이 돌을새김을 보는 순간 나는 뒤로 나자빠지는 줄 알았습니다. 어떻게 부처님의 보디가드가 손에는 제우스의 벼락을 들고, 머리에는 헤라클레스의 사자가죽을 쓰고 있을 수 있겠어요?

그림 85 대영 박물관에서 한차례 놀
란 덕분에, 나는 중국 감숙성의 저
유명한 맥적산 석굴에서 다시 한번
헤라클레스의 사자가죽을 쓴 부처님
의 보디가드를 보고도 별로 놀라지
않았습니다.

금강 역사가 사자가죽을 쓴 까닭

그림 86 불구佛具의 일종인 금강저 삼고三鈷. 인간의 번뇌를 부숴버리는 보리심의 상징이라는군요.

며 어디에서 왔고, 이 사자가죽은 무엇이며 어디에서 왔을까요?

먼저 몽둥이를 검토한 다음, 오늘의 주제인 사자가죽을 본격적으로 검토하는 게 좋겠습니다. 대영 박물관이 '제우스의 벼락'이라고 부르고 있는 이 몽둥이를 인도의 산스크리트어로는 '바즈라'라고 한다는데요, 우리 불교에서는 '금강저', 즉 금강석으로 만든 방망이로 번역됩니다. 인간의 번뇌를 부숴버리는 보리심菩提心의 상징이라고 하지요. 이 금강저를 들고 서 있는 분이 바로 뒤편에 서 계시는 부처님의 보디가드인 집금강신集金剛神 (금강으로 무장하신 분), 혹은 금강 역사입니다. 절 앞의 일주문 들어설 때 유심히 보세요. 대부분의 절 일주문에는 부처님의 보디가드인 이 금강 역사가 새겨져 있습니다.

금강저에는 세 가지가 있답니다. 뾰족한 가지가 하나뿐인 '독고獨鈷', 가지가 셋인 '삼고三鈷', 그리고 가지가 다섯인 '오고伍鈷'가 있다고 합니다. 대영 박물관의 설명에 따르면 이 바즈라는 제우스의 벼락에서 유래한 것입니다.

그렇다면 이제 고대인들은 제우스의 벼락을 어떤 모습으로 상상했을지 궁금해지지 않을 수 없습니다. 제우스는 벼락 없이는 신들의 아버지로 행세할 수 없는 신입니다. 이 세상에서 가장 무서운 무기인 벼락과, 이 세상의 새들 중에서 가장 강한 새 독수리는 제우스의 상징입니다.

제우스가 다른 신들이나 인간들을 응징할 때 쓰는 벼락은 끝이 뾰족한 쇠꼬챙이 모양으로 그려집니다. 고대의 병 그림이나 돋을새김을 보면 제우스의 벼락은 쇠꼬챙이 같기도 하고, 꾸불꾸불한 화살 같기도 합니다.

그림 87은 벼락을 던질 자세를 취하는 제우스를 그린 고대의 항아리 그림입니다. 제우스가 던지려는 벼락은 가지가 하나뿐인 '독고'입니다. 하지만 그림 88을 보세요. 제우스가 벼락을 든 채 걸상에 앉아 올림푸스의 바텐더 가니메데스의 술을 받고

그림 87 벼락 던질 거조를 차리는 제우스. 고대의 항아리 그림.

그림 88 올림푸스의 바텐더인 미소년 가니메데스로부터 술을 받는 제우스. 기원전 4세기의 접시 그림. 제우스가 왼손에 들고 있는 벼락을 유심히 보세요.

있습니다. 가니메데스 뒤에는 부뚜막의 여신 헤스티아가 앉아 있군요. 제우스의 벼락을 잘 보세요. 아래위가 대칭이고 가지가 다섯 개인 벼락입니다. '오고'인 것이지요.

　루벤스가 〈앙리 4세의 신화神化〉를 그린 것은 17세기입니다. 17세기라면 기독교가 탄생한 지 1,700여 년이 흐른 즈음입니다. 그런데도 불구하고 루벤스는 제우스로 하여금 앙리 4세가 신의 자리에 오르는 것을 도와주게 하고 있군요. 발치에 앉아 있는 독수리는 바로 이 신이 제우스라는 걸 말해주고 있습니다. 제우스의 신조神鳥 독수리가 발톱으로 그러쥐고 있는 벼락

그림 89 루벤스의 〈앙리 4세의 신화〉의 부분. 제우스의 발치에 있는 독수리와, 독수리가 발톱으로 그러쥐고 있는 벼락.

그림 90 **야콥 반 캄펜**의 〈최후의 심판〉.

금강 역사가 사자가죽을 쓴 까닭

에서 이 신이 제우스라는 사실은 움직일 수 없는 사실이게 됩니다.

네덜란드의 고전주의 화가 반 캄펜이 그린 〈최후의 심판〉에도 제우스의 벼락 이미지가 등장합니다. '최후의 심판'은 히브리 신에 의해 이루어지기로 예정되어 있는 것인데도 이 그림에는 심판의 주체가 벼락을 든 그리스의 신 제우스의 이미지로 그려져 있습니다. 고대 그리스 신화의 이미지에 길이 든 중세인들에게 제우스는 신의 위엄을 상징하는 낯익은 존재였을 것입니다.

고대 그리스인들에게 제우스가 절대신이었으리라는 것은 의심할 여지가 없습니다. 하지만 16세기와 17세기를 두루 살았던 화가 루벤스가 제우스를 절대신 비슷하게 그린 것은 조금 예외지요? 네덜란드 화가 반 캄펜은 미래의 '최후의 심판'에 등장할 신도 벼락을 든 제우스로 그리고 있으니 참으로 놀라운 일이 아닐 수 없지요.

영웅으로 섬겨지던 실존 인물인 그리스 출신의 정복자의 이름 '알렉산드로스Alexandros'는 '민중Andros'의 '보호자Alex'라는 뜻입니다. 우리는 흔히 '알렉산더 대왕Alexander the Great'이라고 부르는데, 이것은 영어식입니다. 그리스에서는 '알렉산드로스 오 메갈로Alexandros o Megalo'라고 하더군요.

알렉산드로스는 아버지 필리포스와 어머니 올림피아스 사이에서 태어난 인간일 뿐, 신의 핏줄을 타고난 '헤로스Heros'는 아니었어요. '헤로스'는 원래 신의 핏줄을 타고난 '신인神人'을 뜻합니다만 흔히 '영웅'으로 번역되고는 하지요. 영웅을 뜻하는 영어의 '히어로Hero'는 바로 그리스어 '헤로스'에서 유래합니다.

알렉산드로스가 신인이 아니었다고 하지만 전성기의 알렉산드로스 추종자들은 그를 신인으로 돋우어 섬기고 싶어 했을 법합니다. 절대 강자가 나타나면 그 강자의 족보를 신들에 잇대고 싶어하는 것이 인지상정이니까요. 알렉산드로스 주위에서도 그런 일이 일어났던 모양입니다. 자, 막강하신 우리 알렉산드로스 대왕을 어떤 신과 동일시할 것인가? 어떤 영웅과 동일시할 것인가?

그림 91 기원전 4세기 말에 제작된 알렉산드로스의 초상.

그림 92 알렉산드로스가 새겨진 4드라크마짜리 화폐.

　그림 91을 보세요. 알렉산드로스가 관자놀이에 뿔이 돋은 모양으로 그려져 있습니다. 이 뿔은 '제우스-암몬의 뿔'로 알려져 있습니다. 그러니까 이 시기의 알렉산드로스는 제우스와 동일시되고 있었던 것이지요. 그림 92의 4드라크마짜리 화폐에 그려진 알렉산드로스의 관자놀이에도 뿔이 돋아 있습니다. 역시 제우스와 동일시되고 있었다는 증거이지요. 알렉산드로스는 술 마시기를 즐겨서 술의 신 디오니소스와 동일시되기도 했습니다. 이 화폐에는 〈제우스와 디오니소스의 상징과 함께 그려진 알렉산드로스〉라는 제목이 붙어 있는데, 아닌 게 아니라

그가 머리에 두르고 있는 가죽은 디오니소스가 즐겨 두르던 가죽옷을 연상시키기에 충분합니다.

하지만 알렉산드로스의 추종자들은 대왕을 제우스나 디오니소스 같은 신들에게 견주는 게 어쩐지 어색하다고 생각했던 모양이지요?

다음 사진을 주목할 필요가 있습니다.

그림 93에 보이는 알렉산드로스는 사자가죽을 쓰고 있네요. 사자가죽을 쓰고 다닌 영웅이 누구던가요? 헤라클레스였지요. 따라서 이 석상이 제작될 즈음의 알렉산드로스는 헤라클레스와 동일시되고 있었다고 봐도 좋겠지요. 사실 알렉산드로스에게는 헤라클레스와 비슷한 측면이 있었답니다. 그중에서 가장 두드러지는 것이 델포이에서 행패를 부린 사건이지요.

헤라클레스는 술에 취해 제 자식을 찢어 죽인 일이 있습니다. 그는 델포이의 아폴론 신전으로 가서 신탁(신의 뜻)을 받고 그 신탁에 따라 자식 죽인 죄를 닦고자 했습니다. 하지만 아폴론 신전의 여사제 피티아는 헤라클레스에게만은 신이 맡긴 뜻을 전해줄 수 없노라고 거절했지요. 헤라클레스가 지은 죄는 예사 죄가 아니라 자기 핏줄인 아들을 죽인 죄였기 때문입니다. 피티아가 신탁 전하기를 거절했는데 성미가 불같은 헤라클

그림 93 사자가죽을 머리에 쓴 알렉산드로스. 보스턴 박물관

금강 역사가 사자가죽을 쓴 까닭

레스가 가만히 있었을 리 없지요. 헤라클레스는 여사제가 걸터
앉는, 다리 셋인 걸상 모양의 삼각대를 번쩍 들고 눈을 부라리
며 호령했지요.

"되지 못한 것이 누구의 부탁을 거절해? 네가 신의 뜻을 읽
을 줄 안다면 내가 누군지도 알겠구나. 내가 이 삼각대에 앉아
내 마음대로 신탁을 받아보겠다."

알렉산드로스 대왕도 그리스 군 총사령관 시절 페르시아 원
정을 앞두고 신탁을 받아보러 델포이로 올라간 적이 있습니다.
그러나 그가 신전에 이른 날은 공교롭게도 액일, 즉 좋지 못한

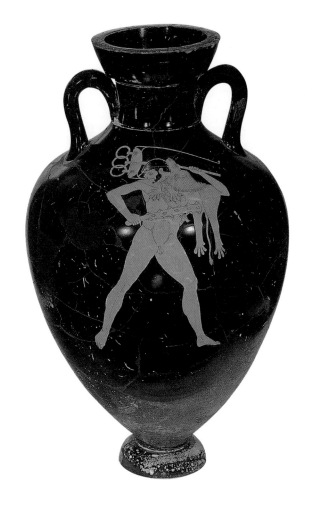

그림 95 여사제의 삼각대를 빼앗아 든 헤라클레스. 기원전 5세기 말에 제작된 병 그림.

금강 역사가 사자가죽을 쓴 까닭

날이었어요. 액일인데도 그는 부하를 신전으로 들여보내 여사제에게 총사령관이 신탁, 곧 신이 맡겨놓은 뜻을 받으러 왔음을 알리게 했습니다. 잠시 후 부하가 나와 이렇게 말했습니다.

"여사제는 신전의 율법에 따라 액일에는 신이 맡겨놓은 뜻을 전할 수 없다고 합니다."

알렉산드로스는 부하를 다시 들여보내 우격다짐으로 여사제를 끌어내게 했습니다. 하지만 끌려나온 여사제는 아무리 을러메도 액일에는 신의 뜻을 전할 수 없다고 버티었지요. 그러자 알렉산드로스는 우격다짐으로 여사제를 끌고 신전으로 들어가 삼각대에 앉혔습니다. 여사제는 알렉산드로스의 열성에 감복했다는 듯이 이렇게 중얼거렸지요.

"참으로 질 줄 모르는 분이시군요."

그러자 알렉산드로스가 응수합니다.

"그것이 바로 내가 받고 싶어 하던 신의 뜻이오."

알렉산드로스는 신탁을 받은 것이 아니라 만들어냈던 셈이지요. 알렉산드로스는 자신을 헤라클레스와 동일시하고 싶었던 나머지 헤라클레스를 의식하고 아폴론 신전에서 행패를 부렸는지도 모르는 일입니다.

로마 황제 중에도 자신을 영웅 헤라클레스와 동일시한 사람

그림 96 〈헤라클레스의 모습으로 새겨진 코모두스 황제〉, 로마, 카피톨리움 박물관

이 있습니다. 2세기 말의 로마 황제 코모두스가 바로 그 사람입니다. 코모두스는 헤라클레스 망상에 사로잡힌 나머지 헤라클레스처럼 괴물을 죽인답시고 애꿎은 장애자들을 괴물로 분장하게 하고는, 헤라클레스가 그랬듯이 몽둥이로 이들을 때려 죽인 것으로 악명 높은 황제입니다. 그의 헤라클레스 흉내내기는, 바로 그의 부하들에게 고용된 씨름 선수에게 목이 졸려 죽는 날까지 계속됩니다.

1999년 9월, 프랑스를 여행 중이던 필자는 파리의 뤽상부르 공원에서 적지 않게 놀라운 일을 경험했습니다. 공원에 면해

그림 97 파리, 뤽상부르 공원에 면해 있는 프랑스 상원.
그림 98 프랑스 상원 건물의 헤라클레스 상.

있는, 프랑스 국기가 게양되어 있는 건물 벽면에 헤라클레스 상이 서 있었기 때문입니다. 몸에 사자가죽을 두르고 있거나, 손에 몽둥이를 들고 있다면 헤라클레스 상일 가능성이 매우 높습니다. 하지만 그 건물의 헤라클레스는 사자가죽이 감긴 몽둥이를 짚은 채 왼손에는 나뭇가지를 들고 있더군요. 필자는 평화를 상징하는 올리브 가지일 거라고 짐작했습니다. 힘의 상징인 헤라클레스가 평화의 상징인 올리브 가지를 들고 있다는 것은 힘을 전제로 하는 평화를 상징하는 것이 아니겠는가 싶더군요. 그 건물이 프랑스 상원上院이라는 사실을 알게 되었을 때 어찌나 반갑던지요.

네메아의 헤라클레스

이제 사자가죽의 원조 헤라클레스 이야기를 쓸 차례입니다. 그림 99는 유럽에서 흔히 볼 수 있는 전형적인 헤라클레스 상입니다. 헤라클레스의 겨드랑 밑을 보세요. 몽둥이에 감겨 있는 게 사자가죽이라는 것을 금방 알 수 있습니다.

　헤라클레스는 헤라 여신으로부터 혹독한 시련을 받은 영웅

그림 99 〈지친 헤라클레스〉. 뤼시포스
원작의 3세기 모각품. 나폴리 국립 고고학 박물관

그림 100 네메아 경기장 유적과, 뒤로 보이는 네메아의 험한 산.

입니다. 헤라 여신이 헤라클레스를 박해한 데는 이유가 있지요. 헤라클레스는 제우스 신의 아들이지만, 제우스 여신의 아내인 헤라의 아들은 아니기 때문입니다. 헤라로서는 남편 제우스의 아들이 다른 여자 몸에서 태어났으니 박해하는 것은 당연하지요. 헤라의 질투 때문에 헤라클레스는 겁쟁이 왕 에우리스테우스가 맡기는 난사難事, 즉 아주 어려운 일을 열두 가지나 해냅니다. 그 첫 번째 일이 바로 '네메아의 사자 죽이기'입니다.

그리스 남부의 아르고스 평원 북쪽에는 험한 산봉우리가 첩첩이 솟아 있는데, 티린스에서 코린토스로 가려면 이 산을 넘

어야 합니다. 이 산봉우리 가운데서 가장 높은 봉우리가 토레
토스산('도려낸 듯한 산'이라는 뜻)인데 생김새가 흡사 식탁을 뒤
집어놓은 것 같아서 이런 이름이 붙었던 모양입니다. '네메아'
는 이 산에 있는 골짜기 이름입니다.

네메아의 사자는 바로 이 네메아 골짜기에 사는, 성미가 괴악
하기 짝이 없고 그 나타나고 사라짐에 신출귀몰이라는 말이 참
잘 어울리는 사자였답니다. 이 사자는 가깝게는 토레토스 인근,
멀리는 티린스, 미케나이 지방에까지 출몰하여 인축人畜을 물어
죽이되 양식으로 삼는 일이 없었다고 합니다. 그래서 사람들은
이 짐승을 '네메아의 사자', 또는 '네메시스(응보 천벌 여신)의
사자使者'라고 했다는군요.

헤라클레스는 네메아 계곡에 있는 네메아 마을에서 하룻밤
을 자게 되었는데, 그가 숙소 삼아 든 집 주인 몰로르코스는 헤
라클레스에게 이런 말을 합니다.

"본 적은 없지만 저는 이 사자를 잘 압니다. 이 사자는 창으로
찔러도 죽지 않고, 칼로 쳐도 죽지 않으며, 활로 쏘아도 죽지 않
습니다. 꼭 30일 동안 목을 조르고 있어야 죽습니다. 아직까지
이 사자와 대적하여 이 사자를 죽인 영웅이 없는 것도 다 이 때
문입니다. 저희들은 이 사자를 타나토스(죽음)라고 부릅니다.

그림 101 네메아의 사자를 죽이는 헤라클레스. 오스트리아 빈의 구 궁정. ⓒ 송학선

금강 역사가 사자가죽을 쓴 까닭

타나토스를 죽이려면 먼저 히프노스(잠)와 싸워 이겨야 합니다. 부디 싸워서 이겨주십시오."

헤라클레스가 네메아의 사자를 죽인 내력은 자세하게 알려져 있지 않습니다. 다만 목졸라 죽였다는 정도로 간략하게만 언급되고 있을 뿐입니다. 헤라클레스의 '12가지 난사' 이야기는 12궁도를 설명하기 위해 조작된 신화라는 견해도 있습니다. 말하자면 '네메아의 사자'는 '사자자리'를, '레르네의 히드라'는 '물뱀자리'를 설명하기 위한 것이라는 말이지요.

어쨌든 몰로르코스로부터 며칠간 네메아의 사자 이야기를 들은 헤라클레스는 산속으로 들어갔다가 정확히 30일 뒤 온몸에 셀러리 잎을 뒤집어쓰고 그 사자의 동굴을 나왔다는군요. 네메아 경기는 고대 그리스의 4대 경기의 하나인데, 헤라클레스가 사자를 죽인 뒤부터 네메아 경기의 승리자는 셀러리 관을 쓰게 되었다고 합니다. 헤라클레스는 이 네메아의 사자를 죽인 뒤부터 '헤라클레스 칼리니코스(빛나는 승리자 헤라클레스)', '헤라클레스 알렉시카코스(악에서 인민을 지키는 헤라클레스)'로 불리게 됩니다.

그림 102 체코의 프라하 거리에서 건물의 기둥을 떠받치고 있는 이 쌍둥이 영웅이 누구냐고 이제는 더 이상 묻지 않아도 되겠지요? 사자가죽을 보세요. 헤라클레스일 테지요. ⓒ 송학선

금강 역사가 사자가죽을 쓴 까닭

그림 103 경주 석굴암의 금강 역사상.

옛날옛날 한옛날, 그리스에 신화적·전설적 영웅이 있었으니 그 이름이 바로 헤라클레스입니다. 기원전 4세기 그리스 북부 마케도니아 지역에 불세출의 영웅이 있었으니 그 이름이 바로 정복자 알렉산드로스 대왕입니다. 자신을 헤라클레스와 동일 시했던 알렉산드로스는 인도의 간다라 지방을 정복하고 여기에 왕국을 세웁니다. 이 왕국에다 그리스에서 가져온 그리스 미술로써 문화의 꽃을 피우는데, 이것이 바로 간다라 미술입니다. 간다라 미술의 꽃이라고 할 수 있는 불상이 만들어진 것은 바로 이때부터입니다. 머나먼 그리스 땅에서 발원, 간다라에서 또 한 번 꽃을 피운 간다라 미술은 중국, 한국, 일본의 불교 미술에 엄청난 영향을 미치게 됩니다.

　놀랍지 않은가요? 우리나라의 절에서 절을 지키고 부처님의 보디가드 노릇 하는 금강 역사를 볼 때마다 간다라의 금강 역사가 사자가죽을 쓴 내력을 떠올려볼 필요가 있겠지요?

chapter 5

그대의 약손

사진을 보세요. 소나무인 것 같지요? 소나무 맞습니다. 소나무 둥치에 무엇인가가 다닥다닥 붙어 있지요? 이게 무엇인지 짐작하겠어요? 사진 오른쪽의 벽보판에도 무엇인가가 다닥다닥 붙어 있군요?

우선 소나무에 붙어 있는 것부터 설명하지요. 소나무 껍질에 붙어 있는 것은 서양 사람들이 즐겨 씹는, 요즘은 우리나라 사람들이 서양 사람들 이상으로 즐겨 씹는, 하지만 싱가포르에서는 절대로 씹어서는 안 되는 추잉 껌 chewing gum 이랍니다. 껌이 왜 이 나무에 이렇게 붙어 있을까요? 누군가가 오물오물 씹다가

그림 104 터키의 에페수스에 있는, 세계에 한 그루밖에 없다는 나무. 무슨 나무일까요?

손가락으로 꺼내어서 붙여놓은 것 같지요?

맞습니다. 왜 그랬을까요? 껌을 씹던 사람은 다른 어떤 행동으로 옮기기 위해, 씹던 껌을 꺼내어 이 나무에 붙여놓았을 겁니다. 어떤 행동을 하려고요? 물을 마시기 위해섭니다. 사람들, 잘 그러지 않아요? 뭘 먹거나 마실 때면 씹던 껌을 뱉어내어버리거나 어디에다 붙여놓고는 하지요? 어떤 물, 무슨 물을 마시려고 그랬을까요? 아주 특별한 물을 마시려고 그랬을 테지요.

1999년 1월, 터키의 고대 도시 에페수스 근처에 있는, 해발 420미터 되는 코레소스산에서 찍은 사진입니다. 터키의 고대

고대 도시 에페수스의 코레소스산에 있는 성처녀 마리아의 집. 지금은 작은 교회로 꾸며져 있습니다.

도시 에페수스는 신약성경 『에베소서』의 바로 그 '에베소'입니다. 그리스 사람들은 이 도시를 '에베소'라고 하지 않고 '에페수스'라고 했답니다. 터키 땅에 그리스인들이 대거 이주해서 살 때의 일이지요.

코레소스산은, 현대 도시 에페수스 시내에서 8킬로 떨어져 있는데요, 이 산에는 '성처녀 마리아의 집 The House of Virgin Mary'이 있습니다. 왜 '성처녀 마리아의 집'이 예루살렘 근방에 있지 않고 하필이면 이 머나먼 터키 땅에 있을까요? 사연이 있지요.

신약성경 『요한복음』에는, 세 공관복음서 共觀福音書, 즉 마태

그림 106 성처녀 마리아의 집 자리에 세워진 마리아 교회의 내부.

그대의 약손

오, 마르코, 루가가 일련의 사건을 함께 보고 같은 서술법으로 기록한 복음서에는 없는 말이 나옵니다. 바로 다음과 같은 대목입니다.

……예수의 십자가 밑에는 그 어머니와 이모와 글레오파의 아내 마리아와 막달라 여자 마리아가 서 있었다. 예수께서는 당신의 어머니와 그 곁에 서 있는 사랑하시는 제자들을 보시고 먼저 어머니에게 "어머니, 이 사람이 어머니의 아들입니다" 하시고, 그 제자에게는 "이분이 네 어머니시다"라고 말씀하셨다. 이때부터 그 제자는 마리아를 자기 집에 모셨다.

'그 제자'가 누구였을까요? 바로 『요한복음』의 저자인 사도 요한이었던 것입니다. 요한은 '나'라는 말 대신 '제자'라는 말을 쓰고 있지만요. 초대 교회 시절의 박해를 염두에 두었기 때문이겠지요. 그는 그리스도의 추종자들에 대한 박해가 극심해지자 마리아를 모시고 머나먼 에페수스의 코레소스산으로 도피했던 것이지요. 성처녀 마리아는 이 산에서 4, 5년 동안 말년을 보내다가 세상을 떠난 것으로 전해집니다. 사도 요한이 저 유명한 『요한계시록』을 쓴 파트모스(밧모스)섬은 여기에서 아

그림 107 **파트모스(밧모스)섬에서 예언서를 쓰는 사도 요한. 푸생의 그림.**

주 가까운 곳에 있습니다. 이것은 서기 431년 에페수스의 종교 회의가 공식적으로 확인한 사실이기도 합니다. 기독교를 로마 제국의 국교로 공인한 콘스탄티누스 황제는 성처녀 마리아의 집터에다 '성처녀 마리아 교회'를 세우게 합니다. 하지만 15세기 중엽, 오스만투르크가 에페수스에 회교를 전파시킨 것과 때를 같이해서 이 교회는 폐허가 됩니다. 그러고 나서 약 300여 년이란 세월이 흐르지요.

독일인 수녀 안나 카테리나 에메리히1774-1824는 어릴 적에 소아마비를 앓아 평생을 지체 장애자로 산 분입니다. 에메리히

그림 108 성처녀 마리아의 교회 앞에 서 있는 한글 안내판. 한글 간판에는 '성모 마리아의 집'으로 표기되어 있습니다.

수녀에게는 무아지경에서 성처녀 마리아와 친교한 일이 있었던 모양입니다. 에메리히는 이때 받은 영감을 『성처녀 마리아의 생애』라는 책으로 써내기도 했지요. 그런데 이 책을 읽은 신부들이 에메리히 수녀의 영감을 실마리 삼아 오랜 연구와 탐사 끝에 집터를 찾아내고 거기에다 아담한 교회를 하나 세웁니다. 마리아의 무덤도 이 근처에 있을 것으로들 추측한다더군요.

이 교회 앞에는 생수가 솟는 샘이 있습니다. 바로 '거룩한 샘'인 것이지요. 병을 낫우는 영험한 샘으로 알려진 아주 유명한 샘물이랍니다. 사람들은 다투어 이 샘물을 마시기 위해 샘 바로

그림 109 성처녀 마리아 교회 앞에 있는 거룩한 샘. 앞에 소개한 나무는 바로 이 샘 앞에 서 있습니다.

그대의 약손

앞에 서 있는 소나무에다 씹고 있던 껌을 붙였던 것이지요. 이것이 세상에 한 그루밖에 없는 추잉 껌 나무가 '성처녀 마리아 교회' 앞에 서 있는 내력입니다. '성처녀 마리아 교회' 앞에는 이 교회가 다시 발견된 사연을 세계 여러 나라 말로 쓴 안내판이 여러 개 서 있습니다. 물론 우리 한국어 안내판도 있지요.

참, 그림 104의 오른쪽 벽보판에도 무엇인가가 다닥다닥 붙어 있는데, 그게 무엇인지 설명하지 않았군요. 기원문이랍니다. 자신의 병, 혹은 사랑하는 사람의 병 낫우어주기를 성처녀 마리아에게 기도하는 기원문 쪽지, 마리아에게 보내는 편지인 것이지요.

아스클레피오스와 성처녀 마리아 사이

기원문은 성처녀 마리아 교회에만 써다 거는 것이 아니랍니다. 에페수스에는 그리스 의술의 신 아스클레피오스의 신전 및 병원 유적도 있습니다.

아스클레피오스는 아폴론의 아들입니다. 아폴론을 아시지요? 그리스의 태양신이자 예언의 신이자, 음악의 신이자 의술의 신

입니다. 아스클레피오스는 바로 그런 아폴론으로부터 '의술' 하나만을 물려받은 의신입니다. 그리스인들은 이 의신의 덕을 기려 곳곳에 신전과 진료소, 그리고 오늘날 의과대학과 같은 '의숙'을 세웠는데, 그중 가장 유명한 것이 터키 연안 코스섬에 있었던 의숙이었답니다. 바로 이 의숙이 전설적인, 그러나 전설이 아닌 의성(거룩한 의사) 히포크라테스를 배출하게 되지요. 오늘날의 의과대학 졸업생들도 의무적으로 해야 한다는 '히포크라테스 선서'의 바로 그 히포크라테스입니다.

  아스클레피오스 진료소 유적지에서 우리나라 옛 서낭당의

그림 111 코스섬에서 발견된 히포크라테스의 대리석상.

서낭목 비슷한 것을 발견하고 나는 충격을 받고 말았지요. 우
리나라 사람들은 소원을 비는 뜻에서 서낭목에 천조각을 걸었
지요. 고대 그리스 의신전 앞 나무에 걸린 것 역시 무수한 천조
각이었어요. 기원문입니다. 성처녀 마리아 교회 앞의 '거룩한
샘' 옆에 걸려 있던 것과 비슷한 기원문입니다. 터키를 찾는 관
광객에게는, 마리아는 물론이고 그리스 의신 아스클레피오스
도 여전히 살아 있는 신이더라고요.

하지만 아스클레피오스와 히포크라테스는 남성입니다. 오랜
세월 신이든 인간이든 남성에게 병 낫우어주기를 빌던 고대인

그림 112 터키의 고대 도시 에페수스에 남아 있는 고대의 진료소 유적. 이런 유적에는 반드시 의신 아스클레피오스의 신전이 있습니다. 나무에 걸린, 기원문이 쓰인 무수한 천조각이 신을 향한 인간의 열망인 듯합니다. 하지만 그 열망은 비바람에 애처롭게 나부끼고 있습니다.

그대의 약손

들이 과연 하루아침에 마음을 확 바꿔 여성인 '성처녀 마리아'에게 빌게 되는 게 쉬운 일이었을까요? 쉽지 않았을 테지요.

어린 시절, 배앓이가 시작되면 누구에게 하소연했지요? 아버지나 할아버지에게 했던가요? 아니지요. 어머니 아니면 할머니에게 하소연했지요. 그러면 어머니나 할머니는 우리 배를 쓰다듬으면서 '내 손은 약손, 내 손은 약손', 이런 주문으로 우리의 긴장을 풀어주고는 했지요.

그리스도가 십자가에 달리기 전에 무수한 환자들의 불치병을 낫운 것을 기억할 것입니다. 그리스도는 심지어는 죽은 자까지도 살려내었지요. 그리스도가 승천한 뒤부터는 초대 교회의 사도들이 간간이 이 일을 대신하기도 합니다. 하지만 사도들조차 그리스도 옆으로 간 뒤부터는 이 병 낫움의 기적이 일어나는 무대가 확 바뀝니다. 성모 마리아 교회를 중심으로 이루어지게 되는 것입니다.

자, '약손' 아스클레피오스는 어떤 과정을 거쳐 '약손' 성처녀 마리아로 바뀌었을까요? 이 변화의 연결 고리를 찾아내기 위해 신화를 거슬러 올라가볼 필요가 있습니다.

아스클레피오스 신전은 의신 한 분만을 모신 사당이 아닙니다. 그렇다면 또 누구를 모신 사당일까요? 히기에이아……, 바

그림 113 아버지 아스클레피오스와 한자리에 앉은 딸이자 의술의 여신 히기에이아. 히기에
이아의 위치는, 병 낫우기를 비는 대상이 남신에서 여신으로 이동하는 고대 사회의 풍속 때
문에 한층 강화된 것으로 보입니다.

그대의 약손

로 의신 아스클레피오스의 따님입니다. 아스클레피오스에게는 딸 넷이 있었는데, 그중 막내인 히기에이아는 아스클레피오스와 함께 제사를 흠향하는 어엿한 여신입니다. 따님 이름 '히기에이아_{Hygieia}'는 오늘날까지도 '위생학'을 뜻하는 '하이진_{hygiene}'이라는 영어 단어에 고스란히 남아 있습니다. '의술의 여신 히기에이아의 임무'라는 뜻입니다.

아스클레피오스가 로마로 간 까닭

아스클레피오스의 탄생 신화, 한번 주목해볼 만합니다. 아폴론은 코로니스라는 처녀를 사랑했지만, 그는 인간이 아닌 신인지라 인간과 함께 살 수는 없었지요. 그래서 그는 올림푸스로 오르면서 하얀 까마귀 한 마리를 딸려 애인을 감시하게 했답니다. 코로니스는 천하의 절색이라서 유혹하려 드는 자들이 많았지요. 그런데 그 흰 까마귀가 올림푸스까지 날아올라와 아폴론에게 놀라운 소식을 전합니다. 코로니스가 아폴론의 자식까지 가진 주제에 다른 청년과 밀통한다는 것이지요. 이 소식을 들은 아폴론은 활을 벗겨 시위에다 은 화살을 먹이고 테살리아

쪽을 겨누고는 손깍지를 놓았답니다. 신의 화살인데 여부가 있을까요? 코로니스를 죽인 아폴론은 후회와 슬픔과 울화를 혼자 이기지 못하고 애꿎은 까마귀만 원망하다가 마침내 까마귀를 저주하여 그 흰 털을 새까맣게 만들어버렸다고 합니다. 아폴론은 그런 다음에야 코로니스의 배 속에서 제 자식이 자라고 있다는 것을 깨닫고는 서둘러 장례식장으로 내려갔답니다. 화장은 이미 시작된 지 오래였지요. 아폴론은 황급히 불길 속으로 뛰어들어 코로니스의 까맣게 그을린 시신을 거두어 배를 가르고 자신이 복중에 끼쳐두었던 자식을 수습하는데, 이 아기가 바로 아스클레피오스입니다. 여기에서 주목해야 할 것은 아스클레피오스는 탄생하는 과정부터 죽음과 밀접한 관계를 맺고 있다는 점입니다.

아스클레피오스가 어찌나 용했던지 '아스클레피오스는 죽은 사람도 살려낸다더라'라는 소문이 돌더랍니다. 신화에 따르면 의욕이 지나쳤던 나머지 딱 한 번 실제(신화적 현실에서의 실제)로 죽은 사람(테세우스의 아들 히폴리토스)을 살려낸 적이 있기도 하지요. 이미 저승에 가 있던 인간을 다시 이승으로 데려온 것이지요. 이 일로 가장 상처를 입은 신이 바로 저승신 하데스입니다. 하데스가 화를 낸 것도 무리는 아니지요. 한번 발을 들여

그림 114 아스클레피오스의 신전이 있는 것으로 유명한 그리스의 고대 도시 에피다우로스의 아스클레피오스 극장.

놓으면 제우스조차 어쩌지 못하던 저승 아니던가요. 하데스는 저승 법도가 무너져서 안 된다면서 제우스에게 탄원했고, 제우스는 탄원에 일리가 있다고 여겨 벼락을 쳐서, 저승에서 돌아온 자를 저승으로 되돌려 보냈습니다. 그러나 하데스는 아스클레피오스의 목숨까지 요구하고 나섰답니다. 결국 아스클레피오스는 제우스의 벼락을 맞고 저승 땅으로 가고 말지요. 모두 풍부하기 그지없는 그리스 문화권의 신화에 나오는 얘기들입니다.

　그리스 국력이 내리막길을 걸을 즈음, 로마가 강성해지지요. 하지만 로마는 군사 대국이었을 뿐, 문화적으로는 열등하기 짝이 없는 졸부의 나라 같았지요. 그래서 아우구스투스 시대에 이르면 로마의 문인들이 부지런히 그리스 신화를 수입, 나름대로 각색합니다. 말하자면 어떻게 해서든지 저희 나라 왕의 핏줄을 그리스 신화에 끌어다 붙이는 작업을 시작하게 된 것이지요. 이렇게 해서 나온 책 중의 하나가 바로 오비디우스의 『변신 이야기』입니다. 바로 이 책에 아스클레피오스에 관한 흥미로운 이야기가 등장합니다. 간추려 옮겨보지요.

……옛날 무서운 돌림병이 로마 땅을 휩쓴 적이 있다. 로마 사람들은 돌림병으로 피를 말리다가 맥없이 쓰러져갔다. 장례 행렬을 보는 것도 지겨워졌을 때에 이르러서야 사람들은 인간의 노력으로는 돌림병을 물리칠 수 없고, 의사의 힘으로는 환자를 치료할 수 없음을 알았다. 사람들은 아폴론 신의 신탁을 받으려고 세계의 중심에 있는 델포이 신탁전으로 갔다. 그들이 아폴로 신에게 기도를 드리자 신전 깊은 곳에서 이런 소리가 들려왔다.

"로마인들아, 가까이서 구할 수 있는 것을, 멀리 있는 나에게까지 와서 구하는구나. 너희 기도를 들어 너희를 환란에서 구할 자는 내가 아니라 내 아들이다. 내가 너희를 축복할 터이니 내 아들의 이름을 부르거라."

그림 115 그리스 의술의 신 아스클레피오스가 상륙한 것으로 기록되어 있는 섬. 로마의 이솔라 티베리나.

로마 장로들은 이 신탁을 듣고, 아폴론의 아들이 살았던 곳을 수소문하고는 사신들을 에피다우로스 해안으로 보냈다. 사신들은 배를 해안에다 대는 즉시 그리스 장로들을 찾아가, 아폴론의 아들이 있어야 로마인들의 씨를 말리는 돌림병을 물리칠 수 있을 것이라는 움직일 수 없는 신탁을 받았다면서 그 그리스 신을 로마로 파견해줄 것을 요청했다.

그리스 장로들의 의견은 둘로 갈렸다. 한 무리의 장로들은 그런 요청을 거절할 수 없다는 주장을 폈고, 또 한 무리의 장로들은 그리스 신을 로마로 보낼 수는 없다는 주장을 폈다. 장로들의 논쟁은 황혼

이 날빛을 몰아낼 때까지 계속되었다.

이윽고 세상에 어둠이 내리고 밤이 깊어갔다. 로마 사신은 잠자리에 들었다. 로마 사신의 우두머리는 꿈을 꾸었다. 의신이 꿈에 나타났다. 의신의 모습은 신전에서 보았던 것과 똑같았다. 그는 왼손에 지팡이를 들고 오른손으로는 긴 수염을 쓸면서 사신의 침대 머리에 서서 부드러운 목소리로 이렇게 말하는 것 같았다.

"두려워 말아라. 여기에는 허깨비를 하나 만들어 세워놓고 내가 가리라. 내 지팡이를 감고 있는 이 뱀을 자세히 보아두어라. 이 뱀을 잘 보아두면 나를 알아볼 수 있으리라. 나는 뱀으로 둔갑해서 너희에게 나타날 것이다만, 이 지팡이의 뱀보다는 훨씬 클 것이다."

그의 말이 끝나는 순간 그의 모습도 사라졌다. 사신도 잠을 깨었다.

햇빛이 하늘의 별들을 몰아낸 시각, 신전에 모인 그리스 장로들은 여전히 결정을 내리지 못한 채, 그리스에 있기를 원하는지 로마로 가기를 원하는지 신의 뜻을 징조로 내려주십사고 기도했다. 이들의 기도가 막 끝났을 때였다. 황금빛 뱀으로 둔갑한 신이 머리를 쳐들고 쉭쉭 소리를 내며 나타났다. 신전 한가운데 선 뱀은 가슴을 바닥에 붙인 채 머리를 쳐들고 거기에 모여 있는 그리스 장로들과 로마 사신들을 둘러보았다. 그 눈에서는 불길이 일고 있었다. 장로들과 사신들은 두려워 부들부들 떨었다. 신전의 신관만은 신을 알아보고

그림 116 1999년 8월, 내가 두 번째로 찾아간 아스클레피오스 극장의 무대에서 독일에서 온 관광객들이 춤을 추고 있더군요.

그림 117 로마의 자르디아노 델 라고(라고 공원)의 호수 한가운데 서 있는 아스클레피오스 신전. 신전 박공에 그리스어 명문 '아스클라피오이 소테리(구세주 아스클레피오스 신전)'가 박혀 있습니다.

소리쳤다.

"보시오, 신께서 임재하시었소. 신이시여, 이렇게 임재하심이 저희에게 유익한 바가 있게 하소서. 신의 신전에 모인 저희를 축복하소서."

사람들은 신관이 시키는 대로 일제히 신을 경배하고, 신관이 시키는 대로 신을 찬양했다. 뱀으로 둔갑한 신은 경배를 받아들인다는 뜻으로 고개를 주억거리고는, 끝이 갈라진 혀를 낼름거리며 쉭쉭 소리를 냈다.

거룩한 뱀은 빛나는 신전 계단을 기어내려와 뒤를 돌아다봄으로써 정들었던 집인 신전과 작별 인사를 나눈 뒤, 자기에게 바쳐진 무수한 꽃다발 위를 기어 도시 한복판을 지나 방파제가 있는 곳으로 갔다. 방파제에 이르렀을 때는 고개를 돌려 군중을 바라보았다. 배웅하러 나온 군중과의 작별을 아쉬워하는 것 같았다. 이윽고 거룩한 뱀이 로마 배에 오르자 배는 거룩한 뱀의 무게가 버거웠던지 용골이 잠길 정도로 내려앉았다.

로마 사신들은 해변에서 제사를 지낸 뒤, 갑판을 꽃으로 장식한 배의 닻을 올렸다. 미풍이 이 배를 밀어주었다. 거룩한 뱀은 육중한 머리를 고물의 난간에다 올려놓은 채로 검푸른 바다를 내려다보고 있었다.

배가 이탈리아에 닿자 수많은 사람들이 사방에서 몰려나와 의신을

맞았다. 뱀 모습을 한 의신은 세계의 수도 로마에 입성했다. 의신은 몸을 꼿꼿하게 세우고 목을 돛대에 올려놓고는, 자신이 집으로 삼을 만한 곳을 찾느라고 좌우를 둘러보았다. 티베리스강이 두 갈래로 갈라지는 곳에, 강이 두 개의 긴 팔로 조심스럽게 안고 있는 듯한 땅이 있었다. 사람들은 이 땅을 '섬'이라고 했다. 포이보스의 피를 받은 신은 배에서 내려 이 섬으로 들어갔다. 신이 뱀의 모습을 버리고 신의 모습을 드러내자 로마의 돌림병은 그것으로 끝났다. 의신이 로마를 구한 것이다.

이솔라 티베리나는, 고대 문화의 '컨텍스트(문맥)'를 온전하게 사는 행복한 이탈리아인들의 삶을 보여줍니다. 하지만 우리는 그런 문화를 살고 있지 못하지요.

주술의 시대와 의술의 시대

아폴론은 원래 의술의 신의 원조에 해당하는 신입니다. 그런데 이 직분이 아들 아스클레피오스에게로 넘어옵니다. 이것은 무엇을 의미할까요? 아폴론은 원래 예언의, 점술의 신입니다. 델포이에 있는 아폴론 신전의 무녀(무당)가 신탁, 즉 아폴론 신이 맡겨놓은 뜻을 전하는 것으로 유명한 것은 이 때문입니다. 하지만 아스클레피오스에 이르면, 주술은 구체적인 병 낫우는 기술과 밀접한 관계를 맺게 됩니다. 그리스의 남부 해안 도시 에피다우로스, 로마 사신들이 당도했다는 그 도시는 아스클레피오스의 신전, 병원, 그리고 극장이 있었던 곳으로 유명한 곳입니다. 아스클레피오스의 추종자들은 정신의 안정이 병의 치료와 밀접한 관계가 있다고 믿었던 모양입니다. 그래서 극장에서 희비극을 갈마들이로 공연함으로써 환자들의 마음을 쓰다듬었을 것입니다.

그리스와 터키 사이에 있는 코스섬의 아스클레피오스의 의숙이 배출한, 인류 역사상 가장 빼어난 의사인 의성, 즉 거룩한 의사 히포크라테스는 전설상의 인물이 아닙니다. 그의 논문 중 일부는 한국어로 번역되어 있기도 하지요(『의학 이야기』). 말하자면 그와 더불어 전설의 시대가 끝나고 의술의 시대가 시작되는 것입니다. 의학도들이 의과대학을 졸업하면서 낭독하는 '히포크라테스 선서'는 이렇게 시작됩니다.

아폴론과 (그 아드님이신) 아스클레피오스와 (손녀이신) 히기에이아와 판아케아를 비롯한 뭇 신들 이름으로 나는 맹세하노니…….

기술의 시대가 왔지만, 인간의 마음 한 귀퉁이에 가라앉아 있는 종교적 본능은 어찌할 수 없나 보지요? 그리스인들은 오랜 세월 여신들을 믿어온 민족입니다. 도시 국가 아테나이의 황금 시대에, 그 황금 시대를 이끈 정치가 페리클레스가 아크로폴리스에다 세운 신전은 바로 처녀신 아테나의 신전이었습니다. 아테나이와 패권을 다투던 스파르타 백성이 섬긴 신도 남신이 아닌 여신 아르테미스였지요. 그래서 스파르타의 아크로폴리스에도 아르테미스 신전의 유적이 있습니다. 아테나와

그림 119 기원전 5세기 정치가 페리클레스가 아크로폴리스(우뚝 솟은 산)에 세운 파르테논 (처녀신의 신전).

아르테미스 같은 여신들은, 당시의 정치와 군사를 좌지우지하던 남성들 속에 깃들어 있던 '아니마', 즉 남성의 마음속에 깃들어 있던 여성이었기 때문일까요? 기독교 갈래 중에서 성모 마리아의 위치가 가장 튼튼한 종파는 아마도 그리스 정교회일 것입니다. 여신 숭배의 오랜 전통이 그리스인들을 그리 만든 것일 테지요.

하지만 나는 그리스인들 얘기를 하고자 하는 것이 아닙니다. 온 인류의 가슴에 깃들어 있는, 신을 향하는 마음을 얘기하고자 합니다. 인류는 히포크라테스에서 비롯된 기술로서의 의술

그림 120 아버지 아스클레피오스와 나란히 앉아, 거룩한 뱀에게 먹이를 주는 히기에이아. 기원전 6~5세기, 장례용 돋을새김.

만으로는 살 수 없는 모양입니다. 히포크라테스는 주술과 기술 사이에, 의신 아스클레피오스와, 신들보다는 과학의 힘에 더 큰 믿음을 기울이는 오늘날의 의사들 사이에 하나의 접속사처럼 존재하는 성인 같지 않습니까?

종교는 기술 너머 존재하는 초월성, 영원성에 대한 목마름에서 비롯됩니다. 의술의 신 아스클레피오스와, 오늘날에도 살아 있는 것으로 믿어지는 성처녀 마리아 사이에는 히기에이아가 존재합니다. 어떻습니까? 히기에이아는 남신과 여신 사이에, 하나의 접속사처럼 존재하는 여신 같지 않습니까?

chapter 6

로마, 그리스 신화를 수입하다

트로이아의 황성 옛터

터키 답사 여행에서 트로이아는 계륵과 비슷합니다. 계륵이 무엇인가요? 닭갈비입니다. 닭갈비는 버리자니 아깝고 먹자니 먹을 것이 없지요. 『삼국지』의 조조曹操가 처음 쓴 말이라고 합니다.

트로이아가 그렇습니다. 애써 가보아야 볼 것이 별로 없지만, 일정에서 트로이아 답사를 제외하면 여간 섭섭한 것이 아닙니다. 호메로스가 『일리아스』(트로이아 전쟁 이야기)에서 장엄하게 그리고 있는 트로이아평원과 이데산은 더 이상 옛 모습을 하고 있지 않습니다. 스카만드로스강도 이제는 흐르지 않습니다. 터

그림 121 터키의 히사를리크 언덕의 트로이아 유적.(위)
그림 122 트로이아 유적지의 '왕궁으로 오르는 길'.(아래)

로마, 그리스 신화를 수입하다

키인들은 '트로이아', 혹은 '트로이'라고 해도 알아듣지 못합니다. '히사를리크 트루바'라고 해야 겨우 알아듣지요.

볼 것이 별로 없는 유적지인데도 불구하고 트로이아는 대도시에서 아주 멀리 떨어져 있습니다. 근처에는 비행장도 없어요. 그래서 자동차로 갈 수밖에 없었지요. 옛 수도 이스탄불에서 자동차로 가자면 8시간이 걸립니다. 비행장이 있는 이즈미르에서 자동차로 가도 거리가 비슷합니다. 호메로스의 고향으로 알려져 있는 이 대도시의 이름 '이즈미르'는 신화에 등장하는, 아버지의 자식을 낳은 것으로 악명 높은 '스미르나'에서 유래합니다. '이즈미르'는 '스미르나의 도시'라는 뜻입니다.

1999년 2월 1일, 이즈미르에서 폭우를 뚫고 근 8시간을 달려 트로이아에 도착했습니다. 트로이아평원 한가운데, 독일인 슐리만이 발굴해낸 황량한 유적지가 산만하게 펼쳐져 있었습니다. 황성 옛터는 별로 감동적이지 못했습니다. 관광객이 뜸한 철이라서 박물관조차 열려 있지 않았지요. 터키 정부가, 관광객의 눈요기를 위해 만들어 세워놓은 '트로이아의 목마'는 조잡하기 짝이 없었습니다. 트로이아 성의 성벽 하나, 신전의 기둥 하나 온전하게 남아 있는 것이 없었습니다. 그러나 나의 트로이아 답사는 빈손으로 돌아선 여행이 아니었지요.

"왜 하필이면 그리스 신화인가요?"

이런 질문을 여러 차례 받았지만 명쾌하게 설명하지 못하고 얼버무린 예가 허다했습니다. 그런데 나는 그 해답을 트로이아에서 찾아낸 듯하군요.

볼 것이 변변치 않았기 때문이었을 것입니다. 박물관에도 들어가지 못한, 신전의 기둥 한 조각이 나의 시선을 붙잡더군요. 기둥 접합점의 거멀쇠 자국이었습니다.

고대의 신전 기둥은 거대한 바위를 기둥 모양으로 한꺼번에 깎은 것이 아닙니다. 수직으로 하도 정교하게 쌓아, 거대한 바위를 원통꼴로 깎아 세운 것 같아 보일 뿐, 사실은 바위를 북 모양으로 여러 개 깎아내어 켜켜이 쌓은 것입니다. 모양이 북 같다 해서 이것을 '드럼 Drum', 혹은 '태고석 太鼓石, Tambour'이라고 합니다.

하지만 태고석을 그냥 수직으로 쌓으면 외부의 충격에 취약해서, 가령 지진이 날 경우 무너질 위험이 있습니다. 그래서 그리스의 석공들은 태고석의 접합 부분에다 수직으로, 좌우로 홈을 파고 그 홈에 거멀쇠를 채움으로써 외부의 충격을 견디게 한 것입니다.

인류 문화를 거대한 신전에 견준다면 한 나라의 문화는 그

그림 123 트로이아에 세워져 있던 아테나 여신전 기둥의 태고석. 거멀쇠 자국이 선명합니다.

신전의 한 기둥과 같은 것, 한 지역의 문화는 기둥을 이루는 태고석 같지 않을까 싶었지요. 왜 하필이면 그리스 신화인가요? 이 질문에 대한 해답을, 나는 트로이아의 아테나 신전에서 떨어져내린 태고석 조각의 거멀쇠에서 찾아보고자 했지요.

트로이아는 그리스인들의 손에, 그리스 연합군의 제갈공명이라고 할 수 있는 오디세우스에 의해 폐허가 됩니다. 트로이아의 패배한 장군 아이네이아스는 트로이아를 떠나 에게해와 지중해를 떠돌다 이탈리아 반도에 안착하면서 로마 제국의 기틀을 닦지요. 이로써 좁게는 로마 역사, 넓게는 서양의 역사가

그림 124 엘레우시스에 있는 데메테르 신전의 기둥 기단부.

열립니다. 왜 하필이면 그리스 신화인가 하면, 문화적 기반이 약했던 로마가 그리스 신화 체계를 수입, 율리우스 카이사르의 유럽 진출과 함께 유럽 전역에 광범위하게 유포했기 때문입니다. 그리스 신화에 대한 지식이 없이 유럽의 미술이나 건축을 이해하는 것은 거의 불가능합니다. 놀랍지 않은가요? 동방의 고대 국가 트로이아는 그리스 문화라는 이름의 태고석과 로마 문화라는 이름의 태고석을 하나로 잇는 거멀쇠였습니다. 트로이아의 슬픈 유적은 그 거멀쇠의 흔적이었던 것이지요.

로마, 그리스 신화를 수입하다

그림 125 제우스 신전 기둥의 태고석. 뒤로 아크로폴리스의 아테나 여신의 신전 파르테논
이 보입니다.

그레코 로망, 즉 그리스와 로마 신화 관련 4대 고전으로 꼽히는 책은 호메로스[Homer]의 『일리아스』(트로이아 전쟁 이야기), 『오디세이아』(오디세우스 이야기), 그리고 베르길리우스[Vergil]의 『아이네이스』(아이네이아스 이야기), 그리고 오비디우스[Ovid]의 『메타모르포시스』(변신 이야기)입니다. 이 네 권의 책은 그리스 신화가 어떤 모습으로 그리스인들의 삶 속에 침윤해 있었는지, 트로이아 전쟁이 어떻게 일어났는지, 트로이아의 유민들이 어떻게 이탈리아 반도로 이주하게 되었는지, 그리스 신화가 어떻게 로마에 토착하게 되었는지 생생하게 증언해주는 고전들이기도 합니다. 그중에서도 『일리아스』와 『오디세이아』는 인류 문화사가 반드시 기억해야 하는, 따라서 인문학의 모든 분야 종사자는 반드시 읽어야 하는, 하지만 워낙 방대해서 쉽게 접근하기 어려운 책입니다.

트로이아의 옛 이름은 '일리온'이었습니다. 호메로스가 쓴 『일리아스』는 '일리온 이야기'라는 뜻입니다. 결국 '트로이아 전쟁 이야기'라는 뜻입니다. 『일리아스』는 트로이아 전쟁의 간접적인 원인이 되었던 불화의 여신 '에리스의 사과' 이야기에

그림 126 호메로스. 대영 박물관

서 시작됩니다. 주목할 만한 것은 헬레니즘(그리스와 로마의 문화) 문학과 헤브라이즘(헤브라이 문화) 문학의 보고라고 할 수 있는 고전들이 모두 사과 이야기로 시작되고 있다는 점입니다. 헤브라이 문화의 경전 구약성경도 '이브의 사과'가 갈등 구조의 실마리가 됩니다. 말하자면 트로이아 전쟁 이야기, 오디세우스의 모험 이야기, 아이네이아스의 모험 이야기, 그리고 인류의 조상인 아담과 이브 이야기가 약속이라도 한 듯이 한 알의 사과로 시작되고 있는 것입니다.

트로이아가 어떤 나라였는지, 파리스가 어떻게 해서 이 엄청난 전쟁의 소용돌이의 직접적인 원인 제공자가 되었는지 궁금해지지 않을 수 없습니다.

　트로이아는 에게해 북동쪽 해안, 그러니까 지금의 터키 중서부 해안에 있던 그리스계 도시 국가였습니다. 호메로스에 따르면 트로이아는 바닷가 언덕 위에 자리잡은, 튼튼한 성벽으로 둘러싸인 거대한 도시 국가였습니다. 트로이아가 이렇게 크게 발전할 수 있었던 것은 당시의 프리아모스 왕이 트로이아에서 가까운 해협을 통해 비옥한 흑해 연안을 오르내리는 장삿배로부터 통행세를 걷을 수 있었기 때문입니다. 프리아모스는 넓은 영토와, 갈기가 유난히 긴 말을 많이 가진 왕이었지요. 맏아들 헥토르는 아버지를 능가하는 지혜와 용맹을 자랑하는 장군이어서 트로이아의 앞날은 탄탄했지요.

　트로이아 전쟁의 발단은, 프리아모스의 왕비 헤쿠바가 막내아들을 낳으면서 마련됩니다. 막내 왕자의 탄생은 나라의 경사였음에 분명한데도 실제로는 그렇지 못했습니다. 왕비 헤쿠바가 아이를 배고 있을 당시, 트로이아의 예언자들은 헤쿠바가 낳는 아이가 아들이면 그 아들이 장차 트로이아를 잿더미로 만들 것이라고 예언한 적이 있었기 때문입니다. 예언을 믿던 프리아모스는, 아랫사람을 은밀하게 불러, '파리스'라는 이름을

갓 얻은 이 아들을 빈 들에 버리게 했습니다. 아랫사람은 프리아모스 왕의 명령을 좇아 파리스를 빈 들에 버렸지만, 달아난 송아지를 찾으러 다니던 한 목동이 버려진 파리스를 발견하고는 이 데산으로 데리고 들어가 자식 삼아 길렀지요. 이때가 바로, 불화의 여신 에리스가 '황금 사과' 한 알을 세 여신, 즉 결혼의 여신 헤라, 지혜의 여신 아테나, 아름다움의 여신 아프로디테 사이로 던지면서 '가장 아름다운 여신'이 그 사과를 차지하라고 한 직후입니다. 그러니까 불화의 여신 에리스는 각각 결혼과 지혜와 아름다움을 상징하는 세 여신이 서로 불화하게 한 것입니다.

그림 128 **루벤스의 〈파리스의 심판〉.** 런던, 내셔널 갤러리

로마, 그리스 신화를 수입하다

그림 129 루벤스의 〈파리스 앞에 선 세 여신〉.

파리스는 키가 훤칠하고 힘이 세고 아주 잘생긴 청년으로 자라났지요. 달음박질과 활쏘기라면 파리스를 당해낼 장사가 인근에는 없었다는군요. 그는 이데산 기슭의 떡갈나무 숲과 고원지대에서 청년 시절을 보냅니다. 숲의 요정 오이노네를 만나 사랑에 빠지게 된 것도 이즈음입니다.

숲의 요정 오이노네에게는, 사람이 입은 상처는 아무리 지독한 상처라도 말끔하게 낫우는 재능이 있었습니다. 청년과 오이노네는 숲속에서 행복하게 살았지요. 여기까지는 파리스도 트로이아도 행복했습니다. 그러나 이 평화와 행복은 한순간에 역전됩니다.

제우스가 이 파리스에게, 어느 여신이 가장 아름다운 여신인지 심판하게 한 것은 이즈음입니다. 그러니까 제우스는 가장 아름다운 여신을 심판하는 일을 근 20년 가까이 미루고 있었던 셈이 됩니다. 제우스는 왜 심판을 미루었을까? 여기에는 두 가지 설명이 있습니다. 제우스는 어느 한 여신을 가장 아름다운 여신으로 심판함으로써 다른 두 여신의 미움을 사고 싶지 않았을 것이라는 설명이 그 하나입니다. 또 하나의 설명은 인간에 대한 제우스의 의중을 잘 드러냅니다. 제우스는 이미 대홍수로써 인간을 한차례 절멸시키다시피 한 적이 있는 신입니

그림 130 장 르노의 〈아프로디테와 파리스〉.

다. 트로이아가 강성해 있을 즈음은, 인간의 몸에서 태어난 무수한 영웅들이 신들의 자리를 엿보던 시절이기도 했습니다. 제우스는 신들과 인간 사이에서 호시탐탐 신들의 자리를 노리던 영웅들을 일시에 제거할 묘책으로 트로이아 전쟁 발발을 방관했다는 것입니다. 그렇다면 그는 파리스를 살려두면, 파리스에게 '파리스의 심판'을 맡기면 파리스가 트로이아 전쟁의 방아쇠 노릇을 할 것임을 미리 알고 있었던 셈이 됩니다.

제우스는 그 능금을 헌헌장부로 장성한 파리스에게 던져, 세 여신 중 어느 여신이 가장 아름다운 여신인지 심판하게 했습지요. 파리스는 엉겁결에 손을 내밀어 그 능금을 받았고요. 세 여신은 풀잎 하나 구부러지지 않을 정도로 사뿐히 땅 위로 내려서서는, 파리스에게 누가 가장 아름다워서 그 황금 사과의 주인이 될 만한지 셋 중에서 고르게 했습니다.

아테나 여신이 먼저, 눈부신 갑옷을 차려입은 모습으로 칼날 같은 잿빛 눈으로 파리스를 바라보면서, 황금 사과를 던져주면 어느 누구에도 뒤지지 않을 지혜를 주겠노라고 약속했습니다. 다음으로는 헤라 여신이 신들의 아버지 제우스의 아내에 어울리는 차림으로 나서면서, 황금 사과를 던져주면 어마어마한 재물과 권력과 명예를 주겠노라고 약속했고요. 마지막으로 눈이 깊은 바다처럼 파란 아프로디테가, 꼬아놓은 금실 같은 타래 머리를 하고 달콤한 미소를 지으면서 앞으로 나서서, 황금 사과를 던져주면 자기만큼 아름다운 아내와 짝을 지어주겠노라고 약속했습니다. 파리스는 그 여신만큼 아름다운 아내라는 말을 듣는 순간 지혜와 권력을 주겠다는 두 여신의 약속을 잊고 말았지요. 심지어는 떡갈나무 숲에 두고 온 검은 머리 오이노네도 잊고 말았지요.

파리스는 그 황금 사과를 아프로디테에게 던집니다. 아름다움(아프로디테)에 홀린 나머지 행복한 결혼(헤라)과 지혜로운 삶(아테나)을 포기한 것입니다. 이로써 파리스의 비극, 트로이아의 비극이 시작된 것입니다.

파리스가 트로이아를 잿더미로 만드는 장본인이 되려면 먼저 왕자의 지위를 되찾아야 합니다. 영국의 신화 작가 로즈마리 셧클리프는 파리스의 귀향을 이렇게 그리고 있습니다.

아프로디테는 조화를 부려 프리아모스 왕의 부하들로 하여금 보름 달밤에 파리스가 치는 소 떼의 임금 격인 가장 크고 아름다운 황소 한 마리를 훔치게 했다. 이렇게 되자 파리스는 그 소를 찾으려고 산을 내려와 트로이아로 갔다.

그런데 어머니인 헤쿠바가 우연히 파리스를 보게 되었다. 헤쿠바는 청년이 자기의 다른 아들들과 닮은 것을 확인한 데다 나름의 느낌도 있고 해서, 그 청년이 바로 아주 어릴 때 자기 품을 떠난, 따라서 죽은 줄만 알았던 아들이라는 것을 알았다. 헤쿠바는 하도 좋아서 울면서 그 청년을 왕 앞으로 데리고 갔다. 막내 왕자가 살아 있는 데다 그처럼 훤칠한 대장부로 자란 것을 본 사람들은 예언가들의 예언을 잊고 말았다. 프리아모스 왕은 막내아들을 왕궁으로 맞아들이고, 트로이아의 다른 왕자들에게도 그랬듯이 살 집을 내어주었다.

아름다움에 혹한 나머지 파국으로 치닫는 파리스, 트로이아 왕자의 지위를 되찾은 파리스에게 숲의 요정 오이노네 따위는 안중에 없었지요.

이때 배신당한 것에 앙심을 품은 오이노네가 결정적인 순간 파리스에게 복수하는 이야기가 『벌핀치의 그리스 로마 신화』에 실려 있습니다. 트로이아 전쟁의 와중에서 파리스는 필록테테스의 화살을 맞습니다. 필록테테스는, 헤라클레스의 화장단에 불을 붙여주고 그 대가로 헤라클레스의 활을 얻은 장본인입니다. 따라서 파리스는 필록테테스가 헤라클레스의 활로 쏜 화살에 맞은 것입니다. 본문은 파리스와 오이노네의 비극을 이렇게 마무리하고 있습니다.

……파리스는 필록테테스의 화살을 맞고 고통스러워하면서 오래 잊고 있던 한 여성을 생각했다. 바로 요정 오이노네였다. 오이노네는 운명의 미녀 헬레네 때문에 버림을 받은, 파리스가 젊은 시절에 맞은 아내였다. 오이노네는 자기가 받았던 부당한 대접을 잊지 않고 있다가 그의 상처를 돌보아주기를 거절했다. 파리스는 트로이아 성으로 들어와서 죽었다. 오이노네는 파리스(파리스가 도움을 청하려고 보낸 심부름꾼)를 돌려보내놓고는 바로 후회하고 약초를 가지고 뒤쫓아왔다. 그러나 이미 때늦은 다음이었다. 오이노네는 파리스의 죽음을 슬퍼하다가 목을 매고 죽었다.

아킬레우스의 뒤꿈치

제우스가 끊임없이 신들에게 '기어오르는' 영웅들을 박멸하기 위해 트로이아 전쟁의 발발을 방치하는 것에 그치지 않고 조장하기까지 했다면 그의 의도는 대성공을 거둔 셈이 됩니다. 트로이아 전쟁에서 살아남은 영웅은 오디세우스, 아이네이아스 등, 겨우 몇 명이 손꼽힐 정도입니다. 아킬레우스는 트로이아에서 장렬하게 목숨을 잃은 영웅 중 그리스인들로부터 가장 사랑을 받는 영웅입니다.

트로이아 전쟁의 직접적인 원인 제공자는 물론 파리스입니다. 하지만 간접적인 원인 제공자는 테티스이기도 합니다. 테티스는 아킬레우스의 어머니인 바다의 여신 중의 하나이지요. 여신은 여신이어도 지위가 좀 낮은 버금 여신인 테티스는 인간인 펠레우스와 결혼한 특이한 여신입니다. 불화의 여신 에리스가 황금 사과를 던짐으로써 트로이아 전쟁의 실마리를 제공한 현장이 바로 이 테티스와 펠레우스의 결혼식장입니다. 이것이 테티스 역시 트로이아 전쟁으로부터 자유롭지 못한 까닭입니다. 이 결혼을 통해 둘 사이에 태어나는 아기가 바로 아킬레우스인 것이지요.

우리는 어떤 사람이 지니고 있는 치명적인 약점을 '아킬레스건'이라고 부르는데 이 '아킬레스'가 바로 '아킬레우스'입니다. '아킬레스'는 로마식·영어식 이름, '아킬레우스'는 그리스식 이름입니다. '건'은 발뒤꿈치의 힘줄입니다.

아킬레우스의 어머니 테티스는 여신이어서 영생불사합니다.

그림 131 아들 아킬레우스의 발목을 잡고 스틱스 강물에 담그는 테티스. 런던, 빅토리아 앨버트 박물관. ⓒ 송학선

하지만 지아비 펠레우스는 인간입니다. 인간은 때가 되면 죽을 팔자로 태어나지요. 이 세상의 모든 어머니들이 그렇듯이 테티스 역시 아들 아킬레우스가 자기처럼 영생불사할 것을 바랐을 것입니다. 그래서 테티스는 아기 아킬레우스를 스틱스의 강물에 담갔지요. 스틱스는 저승 앞을 흐르는 강입니다. 테티스는 아들 아킬레우스를 저승의 강에다 담금으로써 죽음을 미리 죽어두게 한 것입니다. 저승의 물에 적셔진 부분은 칼로 잘라도 잘리지 않고 활로 쏘아도 화살이 들어가지 않지요. 하지만 테티스가 손으로 쥔 발목에는 강물이 묻지 않았습니다. 따라서

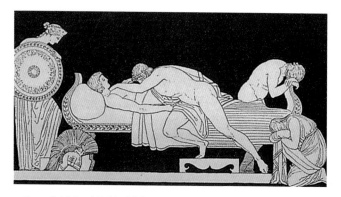
그림 132 아킬레우스의 주검을 내려다보는 어머니 테티스.

칼이나 활로 이 부분을 공격한다면 아킬레우스를 죽이는 것도 가능합니다. 그래서 그 부분이 바로 아킬레우스의 치명적인 약점이었던 것입니다.

트로이아 전쟁의 간접적인 원인 제공자인 테티스의 아들 아킬레우스가 바로 그 전쟁의 직접적인 원인 제공자 파리스의 화살에 맞아 죽은 것은 얼마나 아이러니컬한 일인가요? 지극히 인간적인 영웅이었던 아킬레우스는 궁술의 신 아폴론의 신전에서 점잖치 못한 일을 하다가 파리스가 쏜 화살에 발뒤꿈치를 맞고 목숨을 잃었습니다. 파리스의 활솜씨가 좋아서가 아닙

그림 133 아킬레우스의 죽음.

니다. 궁술의 신답게 아폴론이, 자신의 신전을 유린한 아킬레우스의 뒤꿈치로 화살을 인도한 것입니다.

테티스 여신은, 트로이아 전쟁에 참전하면 아들 아킬레우스가 목숨을 잃을 것이라는 신탁을 받은 적이 있습니다. 세상에, 죽음이 확실하게 보장된 전장으로 자식을 보낼 어머니는 없을 것입니다. 테티스는 리코메데스 왕의 궁전에다 아들을 숨겼지요. 아킬레우스는 어머니의 당부에 따라 리코메데스 왕의 딸들 사이에 숨어 여장女裝하고 살았습니다.

그리스 연합군 쪽에서도 신탁을 받아보았지요. 신탁의 점괘

그림 134 게라르트 라이레스의 〈리코메데스의 딸들 사이에 숨어 있다가 적발되는 아킬레우스〉. 왼쪽의 사내가, 방물장수로 변장한 오디세우스.

로마, 그리스 신화를 수입하다

그림 135 살로몬 데 브라에이의 〈리코메데스 왕의 딸들 사이에 숨어 있다가 적발되는 아킬 레우스〉. 여장하고 있었지만 아킬레우스는 무사의 근성을 버리지 못하고 칼을 집어들고 있 습니다.

에 따르면, 그리스 연합군은 아킬레우스가 없을 경우 트로이아 전쟁에서의 승산이 전무했습니다. 그래서 연합군 측에서는 꾀돌이 오디세우스를 보내어 아킬레우스를 찾게 하지요. 그런데 오디세우스가, 여장하고 리코메데스의 딸들 사이에 숨어 있던 아킬레우스를 적발하는 대목이 수많은 화가들의 상상력을 자극했던 모양입니다. 17세기 프랑스 화가 시몬 부에, 니콜라 푸생, 르 쾨느, 네덜란드 화가 살로몬 데 브라에이, 게라르트 라이레스 등이 그 대목을 그렸군요. 아킬레우스는 어머니의 간곡한 희망도 하릴없이 오디세우스의 손에 끌려나와 연합군에 합류하지 않으면 안 되었지요.

트로이아 전쟁이 끝나자 오디세우스는 귀향길에 오릅니다. 하지만 그에게는 트로이아에서 바다의 신 포세이돈의 신전을 유린한 허물이 있습니다. 포세이돈이 그의 귀향을 방해하는 것은 이 때문입니다. 오디세우스가 근 10년 동안이나 바다 위를 방황하는 이야기, 이것이 바로 『오디세이아』, 즉 '오디세우스 이야기'입니다. 트로이아 전쟁은 9년 동안이나 끈 뒤에야 그리스 연합군의 승리로 끝납니다. 따라서 오디세우스는 고향을 떠난 지 19년 만에야 귀향할 수 있게 되는 것입니다.

그리스 춘향전

스파르타의 왕비 헬레네는 남편 메넬라오스를 배신하고 트로이아 왕자 파리스와 간통하는 데 그치지 않고 파리스를 따라 트로이아로 떠나고 맙니다. 메넬라오스는 아내를 되찾기 위해 군사를 일으켜 트로이아를 치는데 이것이 바로 트로이아 전쟁입니다. 파리스가 죽고 트로이아가 멸망하자 헬레네는 다시 메넬라오스를 따라 스파르타로 귀국합니다. 말하자면 제 스스로 버린 남편에게로 되돌아오는 것입니다.

혹자는 이렇듯이 정조 관념이 없는 헬레네와, 결혼을 약속한 이몽룡과의 약속을 지키기 위해 목숨을 걸고 변학도에게 저항하는 춘향을 비교하고는, 서양 여성은 정조 관념이 희박하지만 한국 여성은 목숨을 걸고서라도 정조를 지켜낸다는 결론을 이끌어냅니다.

하지만 『일리아스』 『오디세이아』에는 헬레네 같은 여성만 등장하는 것이 아닙니다. 19년 동안을 변학도 같은 구혼자들에게 둘러싸인 채 갖은 협박을 다 받으면서 일구월심 지아비 오디세우스만 기다리는 여성 페넬로페가 있습니다. 페넬로페는 구혼자들의 협박에, 시아버지의 수의壽衣 한 벌 만들어놓고 재가再嫁 하

그림 136 시아버지의 수의를 짜는 페넬로페에게 결혼을 조르는 구혼자들. 존 워터하우스의 그림.

로마, 그리스 신화를 수입하다

겠다면서 낮에는 베를 짜고 밤에는 풀면서 19년을 버팁니다. 페넬로페가 지키는 이타케섬으로 오디세우스가 거지로 변장하고 들어와 구혼자들을 죽이고 페넬로페를 되찾는다는 이 이야기는 우리 고전 『춘향전』을 너무나 절실하게 떠올리도록 합니다.

베르길리우스와 오비디우스의 '내 논에 물 대기'

트로이아 전쟁의 승장勝將 오디세우스가 트로이아를 떠나 고향 이타케섬에 이르기까지의 모험담이 『오디세이아』, 패장 아이네이아스가 잿더미가 된 조국 트로이아를 떠나 에게해와 지중해를 방황하다가 마침내 이탈리아 반도에 정착, 로마 제국의 기틀을 마련하기까지의 모험담이 바로 『아이네이스』입니다.

　이 책은 오비디우스의 『변신 이야기』와 함께, 군사력은 막강했지만 문화적으로는 뿌리가 부실했던 로마에 그리스 문화 전통의 세례를 베풀기 위해 의도적으로 쓰여졌다는 혐의에서 자유롭지 못합니다.

　요즘 들어 '문학 혹은 예술의 후원자'라는 뜻으로 자주 쓰이는 '메세나Mecenat'라는 단어가 있습니다. 이 말은, 호라티우스,

베르길리우스, 오비디우스를 열렬히 후원했던 로마의 유복한 정치가 마에케나스Gaius Clinius Maecenas의 이름에서 유래합니다. 베르길리우스와 오비디우스가 활약하던 시절은 아우구스투스의 힘에 의한 이른바 '팍스 로마나(로마에 의한 평화)'가 꽃피던 시절, 마에케나스의 후원이 젊은 문학 지망생들을 고무하여 현실적인 근심 걱정에 구애되지 않은 채 문학적인 재능을 갈고닦을 수 있게 해주던 그런 시절이었지요. 베르길리우스는 카이사르와 그 뒤를 이은 아우구스투스의 승리를 호의로 받아들이는 것은 물론 진정으로 새 시대 개막을 찬양하고 새 체제의 대변인 노릇 하는 것까지도 거절하지 않았습니다. 바로 이런 분위기에서 트로이아 패장 아이네이아스는 베르길리우스에 의해, 어머니인 그리스 여신 아프로디테의 후광後光을 업고 로마 제국의 기틀을 세운 영웅으로 그려집니다. 이로써 로마 신화는 그리스 신화의 적자嫡子가 되고 로마의 조상들 족보는 그리스 신들의 족보로 연결됩니다.

오비디우스는 여기에서 한 걸음 더 나아갑니다. 졸역서 『변신 이야기』의 역자 후기에 쓴 바 있거니와, 오비디우스는 베르길리우스의 뒤를 이어 문단으로 진출, 오래지 않아 그 방면의 선두 주자로 떠오르면서 풍족한 유산, 빛나는 기지, 엄청난 기

그림 137 푸생의 〈디도와 아이네이아스〉. 카르타고를 건설한 여왕 디도는 (아이네이아스에게)
자기 나라에 정착할 것을 호소하지만 그는 디도를 뿌리치고 다시 바다로 나선다. 카르타고
는 뒷날, 아이네이아스가 기틀을 세운 로마의 장군 스키피오에 의해 멸망한다.

억력, 반듯한 사교술을 종횡무진으로 구사, 일약 문단과 사교
계의 총아가 되는데, 이 시절에 그가 쓴 작품이 저 유명한 『사
랑의 기술』입니다. 사랑에 대한 점잖은 교과서적 가르침을 비
웃으면서 구체적인 연애 기술, 활달한 사랑법, 여성을 꾀는 방
법, 남성을 유혹하는 방법을 가르치는 이 책은 당시 로마인들
에게 상당한 입씨름거리를 제공합니다.

　그 시절은, 표면적인 호칭이 '프린켑스 세나투스', 즉 '원로
중 으뜸가는 원로'였을 뿐 실제로는 황제나 다름없던 아우구스
투스가 '파트리 파트리아이圖文'로서 풍속 '새마을 운동'을 근

엄하게 펼치던 시절입니다. 아우구스투스의 개혁이 추상같았는데도 불구하고 외손녀 율리아는 아우구스투스가 요구하던 미풍양속 다잡기 호소에 순응하기는커녕 로마의 호걸들을 돌아가면서 사랑하는데, 바로 그중의 한 사람이 『사랑의 기술』로 한차례 로마의 미풍양속을 뒤흔들어놓은 오비디우스입니다. 그는 『사랑의 기술』이라는 경박한 책을 씀으로써, 그리고 외손녀와 어울림으로써 아우구스투스로부터 용서받기 어려운 괘씸죄를 얻게 됩니다. 참다 못한 아우구스투스는, 오비디우스를 지금의 루마니아 콘스탄티아로 유배하는데, 정신이 번쩍 들었을 법한 오비디우스가 유배지에서 정신을 가다듬고 쓴 작품이 바로 『변신 이야기』입니다. 호라티우스가 '조국을 위해 죽는 것은 기쁘고도 영광스러운 일'이라고 주장하던 시절, 베르길리우스가 대작 『아이네이스』를 씀으로써 어떻게 해서든지 로마 황제에게 그리스의 신통성神統性을 부여하려고 하던 시절입니다. 오비디우스는 '제 논에 물 대기' 방법으로 로마의 권력자들 족보를 그리스 신들에게 끌어다 붙였습니다.

『변신 이야기』 중 「카이사르의 승천」 편에 이르면 카이사르와 아우구스투스는 벌써 신의 자리에 올라 있습니다.

그림 139 카이사르의 계승자 아우구스투스.

로마, 그리스 신화를 수입하다

……아스클레피오스 신은 이방에서 오시어 우리 신전에 드신, 말하자면 이국異國의 신이다. 그러나 카이사르는 당신의 나라에서 신이 되신 분이시다. 아레스 신의 직분인 전쟁은 물론이고 평화를 정착시키는 정치에도 능하신 이분께서 새로운 별, 즉 새로운 혜성이 되신 것은, 이분께서 수많은 전쟁을 승리로 이끄셨고 평화 시에는 많은 업적을 쌓으셨으며 엄청난 명성을 얻으셨기 때문이라기보다는 훌륭한 아드님을 두셨기 때문이라고 보아야 옳다. 카이사르의 공적 가운데 이분을 아드님으로 삼으신 것 이상으로 빛나는 공적이 없을 것이기 때문이다.

'아드님'은 로마의 초대 황제가 되었던 아우구스투스를 가리킵니다. 카이사르의 조카였던 아우구스투스는 카이사르의 유언에 따라 그 대를 잇게 되는데, 오비디우스는, 이 아우구스투스에게 대를 물린 것이야말로 카이사르가 한 일 중 가장 잘한 일이라고 말하고 있는 것입니다. 황제의 비위를 건드려 먼 땅으로 유배되어 있던 오비디우스가 의도적으로 카이사르의 후계자인 황제 아우구스투스를 미화하고 있는 것입니다.

이렇게 해서 로마는 밖으로는 막강한 군사력으로 주위의 영토를 아우르고, 안으로는 그리스를 끌어들여 문화적 정통성을 확보함으로써 명실상부한 제국으로 성장합니다. 하지만 이 로마 제국은 그로부터 약 400년 뒤, 테오도시우스 황제의 아들 아르카디우스가 콘스탄티노플(비잔티움)을 수도로 새 제국을 건설함으로써 양분되는데, 이 동로마제국이 지어낸 문화가 바로 비잔틴 문화입니다. 비잔틴 문화는 동방의 문화와 그리스 정교 문화의 거멀쇠였던 것이지요. 하지만 이 비잔틴 문화도 장수를 누렸을망정, 15세기 오스만투르크에 멸망하면서 그리스 정교의 자리를 이슬람교에 넘겨주고, 수도 콘스탄티노플은 이스탄불이 됩니다. 그로부터 500년이 지난 지금 이스탄불은 기독교 문화와 이슬람 문화를 하나로 아우르는 또 하나의 거멀쇠가 되어 있습니다.

자동차로 트로이아에서 이스탄불로 올라가는 일은, 눈이 많이 오기로 유명한 트라케 지방을 목숨 걸고 지나는 일입니다. 하지만 트로이아에서 이스탄불로 들어가는 일은 고대 문화의 거멀못을 떠나 중세 문화의 거멀못을 경험하는 일이기도 합니다. 동서양이 만나는 터키는 동서양 문화를 하나로 묶어주는 거대한 거멀못이기도 합니다.

chapter 7

의사가 사람을 죽여?

누드는 〈니오베의 딸〉에서 시작되었다

그림 140은 〈니오베의 딸〉로 불리는 꽤 유명한 대리석상입니다. 원본에 가장 가까운 작품은 이탈리아 피렌체의 우피치 박물관에 보관되어 있습니다. 워낙 인기가 있어서 세계의 여러 박물관이 복사판 〈니오베의 딸〉을 전시하지요. 여기 사진으로 실린 이 작품은 원래 그리스 에우보이아의 아폴론 신전 장식품이었는데, 나중에 로마 시대의 정치가 율리우스 카이사르가 로마로 가져와 자기 집 뜰에다 놓았던 것이라고 하는군요. 나에게는 여러 장의 〈니오베의 딸〉 사진이 있지만, 기원전 440년에 제작된 것으로 추정되는 이 대리석상이 서양 미술사에서 그렇

게 중요한 자리를 차지한다는 사실을 나는 알지 못하고 있었습니다.

2001년 2월 『나의 문화유산 답사기』로 유명한 미술사학자 유홍준 교수와 함께 그리스를 여행했습니다. 그분 덕분에 아주 중요한 것을 알게 되었습니다. 그분 말에 따르면, 그리스 미술에 누드가 등장하는 것은 〈니오베의 딸〉 이후입니다. 말하자면 〈니오베의 딸〉에서 처음으로 대리석상의 옷자락이 배꼽 아래로 내려갔다는 것입니다. 기원전 5세기 이전의 대리석상은 옷을 벗고 있지 않습니다. 대리석상은 가벼운 미소를 띠고 있는 것이 보통이지요. 이것을 '아케익 스마일 archaic smile'이라고 합니다. '고전적인 미소'라는 뜻이지요. 고전적인 미소를 띠고 있는 대리석상은 옷을 입고 있는 것이 보통입니다. 그러다 이 작품 〈니오베의 딸〉 이후로는 신들이나 여신들의 알몸 대리석상이 등장한다는 것입니다.

이 '니오베의 딸'은 지금, 등에 박힌 화살을 뽑느라고 안간힘을 쓰고 있는 중입니다. 어깨에서 옷이 흘러내려도, 그래서 중요한 것이 노출되어도 거기에 신경 쓸 겨를이 없습니다. 조각가에게 훌륭한 핑곗거리가 생긴 셈이지요. 조각가는 어쩌면 점잖은 사람들로부터, 왜 이렇게 아슬아슬하게 깎은 거야, 미풍

그림 140 〈니오베의 딸〉. 로마·국립 박물관

222 × 223

양속을 어지럽힐 셈이야, 이런 지청구를 먹었을지도 모릅니다. 조각가는, 등에 꽂힌 화살을 뽑아야 하는데 옷 내려가는 데 신경 쓰게 생겼어, 하고 대꾸했을지도 모릅니다. 〈니오베의 딸〉에 얽힌 풍부한 드라마, 읽어봅니다.

여신의 난산

'난산'을 아시지요? 애를 어렵게 낳는다는 뜻입니다. 아폴론과 아르테미스의 어머니 레토 여신이야말로 이 쌍둥이를 참 어렵게 낳았습니다. 이들의 아버지가 누구냐 하면 바로 제우스입니다. 제우스의 아내 헤라는 질투가 심하기로 유명하지요. 지아비의 아들을 낳는 여신이 헤라 자신이 아닌, 다른 여신 레토였으니 얼마나 화가 났겠어요. 그래서 헤라 여신은, 이 세상의 어느 땅이 되었든 레토 여신에게 출산할 자리를 마련해주는 땅이 있으면 황무지로 만들어버리겠다고 선언했지요. 그래서 레토 여신이 온 땅을 헤매었어도 어느 땅도 이 여신을 받아주지 않습니다. 그런데 델로스섬만은 딱한 사정을 알고 이 여신을 받아주었습니다. 여신은 이 섬에서 종려나무에 기댄 채 아테나

그림 141 **아폴론과 아르테미스의 탄생.** 양쪽에 각각 활을 하나씩 든 아폴론과 아르테미스
가 있군요. 앉아 있는 여인이 어머니 레토 같습니다. 올리브 나무 아래 서 있는, 투구 쓰고
창 든 여신은 아테나이고요. 신들은 태어나는 즉시 어른의 모습으로 성장한다는 믿음이 반
영되어, 아폴론과 아르테미스가 성인의 모습으로 그려져 있습니다.

그림 142 만일에 아폴론과 아르테미스가 태어나는 즉시 어른의 모습으로 성장했다면 '개구리 이야기'는 새파란 거짓말일 가능성이 있지요. 하지만 유럽의 신화집에 나오는 이 그림을 보면 반드시 그런 것 같지도 않습니다. 어린 쌍둥이를 안은 레토가 거대한 왕뱀 피톤에게 쫓기는 장면입니다. 아폴론은 뒷날 이 뱀을 죽이지요.

여신이 베풀어준 올리브 가지를 잡고서야 쌍둥이 남매를 낳았답니다. 그러니까, 제우스의 본처 헤라 여신의 눈을 피하여 천신만고 끝에 쌍둥이를 낳았던 것이지요. 그러나 쌍둥이 남매가 태어나자 헤라 여신이 다시 노발대발하는 바람에 레토 여신은 이 쌍둥이를 안고 또 방랑길에 나서지 않으면 안 되었지요.

　때는 무자비한 태양이 벌판을 뜨겁게 달구는 오뉴월이었습니다. 방랑하던 여신은 마침내 리키아 땅에 이르렀습니다. 따가운 햇볕에 시달리면서 먼길을 온 데다, 두 아기에게 젖이라는 젖은 깡그리 빨리기까지 했으니 아무리 여신이지만 오죽 목

의사가 사람을 죽여?

그림 143 아폴론 일가. 앉아 있는 이는 제우스. 그 앞의 여신이 레토입니다. 서 있는 남성이 아폴론, 그리고 맨 오른쪽이 아르테미스입니다. 아르테미스 신전이 있는 그리스 브라브로나의 박물관

이 말랐겠습니까? 그런 참에 여신은 계곡 아래쪽에 있는, 크기가 고만고만한 호수를 발견했지요. 이 호숫가에서는 이 지방 농부들이 고리버들, 갈대, 사초(莎草) 같은 것을 꺾고 있었습니다. 여신은 호숫가로 다가가 무릎을 꿇고 물을 마시려고 했습니다. 그런데 호숫가에 있던 농부들은 여신에게 그 물을 마시지 못하게 했던 모양입니다. 그래서 여신은 이들에게 애원했지요.

"물이라는 것은 만물로 하여금 요긴하게 쓰라고 이곳에 있는 것이 아닌가요? 그런데 왜 마시지 못하게 하지요? 자연이 공기와 햇빛과 함께 넘실거리는 물을 창조한 것은 어느 한 동아리만 이롭게 하자고 한 것이 아니고 모든 이들에게 유용하게 쓰이게 하기 위함이었습니다. 나는 물을 찾아 이곳에 왔습니다. 이 물에 대해서는 나에게도 권리가 있습니다. 그런데도 나는 이렇게 무릎을 꿇고 여러분에게 물을 마시게 해달라고 사정하고 있습니다. 나는 이 물에 몸을 씻고자 하는 것도 아니요, 걷는 데 지친 다리를 담그자는 것도 아닙니다. 내가 원하는 것은 목을 축이자는 것뿐입니다. 나는 입이 말라 지금 말도 못하겠습니다. 목이 말라 말도 잘 나오지 않습니다. 지금 물을 마신다면 내게는 신들이 마시는 술, 넥타르나 다름이 없을 것입니다. 만일 여러분이 이 물을 마시게 해주신다면 내 목숨을 살려주시는 셈입니다. 여러분은 나에게 이 물만 주시는 것이 아니고 생명까지 주시는 셈입니다. 바라건대 이 아이들에게도 은혜를 베풀어주세요. 보세요, 이 아이들이 내 품에서 여러분에게 이렇듯이 가녀린 손을 내밀고 있지 않습니까?"

우연의 일치겠지만 마침 아기들도 농부들을 향하여 손을 내밀고 있었습니다. 누가 이 여신의 간절한 부탁을 거절할 수 있었겠습니까만, 농부들은 여신의 애원에 아랑곳하지 않고 그 물을 마시면 봉변을 당할 것이라는 말까지 서슴지 않았습니다. 뿐만 아니라 농부들은 호수에서 이리저리 뛰어다니며 손발로 구정물을 일으키기까지 했습니다. 심술을 부리느라고 호수 바닥에 가라앉아 있던 뻘을 마구 휘저어놓은 것이지요. 레토 여신은 어찌나 화가 났던지 갈증도 잊었더랍니다. 더 이상 빌어서는 안 되겠구나, 말로 해서는 안 될 것들이구나, 이런 결론을 내렸던 것이지요. 여신은 하늘을 향하여 팔을 벌리고 이렇게 부르짖었습니다.

"원컨대 저들이 영원히 이 호수에 살게 하소서."

여신의 기도는 이루어졌습니다. 농부들은 문득 호수에 뛰어들고 싶다는 강한 충동을 느끼고는 이 충동이 시키는 대로 했습니다. 개구리가 된 것입니다. 이들의 혀에는 남을 헐뜯는 버룻이 남아서, 심지어는 물밑에서까지 부끄러운 줄을 모르고 지껄이거나 남을 비방합니다. 오비디우스의 『변신 이야기』에 나오는 이야깁니다.

해도 너무했던 니오베

그리스의 수도 아테네에서 북쪽으로 약 세 시간 자동차를 몰고 올라가면 '테바이'라는 고대 도시의 유적이 나옵니다만, 이 테바이는 그리스의 고대 도시 중에서도 흉측한 일이 많이 일어난 것으로 유명한 도시입니다. 아버지를 살해하고 어머니와 잠자리를 함께했던 오이디푸스 때문에 쑥대밭이 되었던 도시이기도 합니다.

아득한 옛날, 테바이의 왕비 니오베에게는 자랑할 만한 것이 많았답니다. 하지만 니오베가 뻐긴 것은 남편의 명성도 아니고, 저 자신의 아름다움도 아니고, 뼈대 있는 가문도 아니고, 왕국의 힘도 아닙니다. 이 여자가 뻐긴 것은 바로 자기가 낳은 아들딸들이었지요. 사실이지 니오베는 이 세상 어머니들 가운데서도 가장 행복한 어머니일 수 있었지만 문제는 그걸 너무 뻐

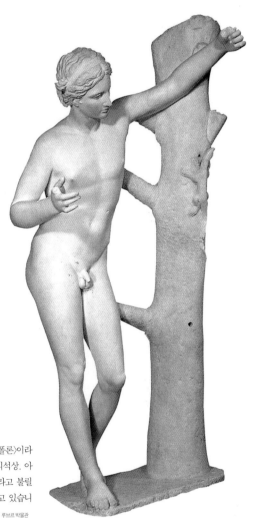

그림 144 〈도마뱀 사냥꾼 아폴론〉이라
는 제목이 붙은 아름다운 대리석상. 아
폴론은 '이상적인 남성상'이라고 불릴
정도로 균형 잡힌 몸매를 하고 있습니
다만 성격은 매우 괄괄합니다. 루브르 박물관

그림 145 16세기 화가 알렉산더 아테니제의 〈주사위 놀이를 하는 니오베와 네 딸들〉. 그림 제목에는 '주사위 놀이'라는데 아무래도 공기놀이를 하고 있는 것 같네요.

기는 데 있었던 것이지요.

레토 여신의 쌍둥이 남매, 즉 아폴론과 아르테미스를 기리는 축제 때의 일입니다. 테바이인들은 이 축제 때마다 머리에 월계수 관을 쓰고 모여 제단에 유향을 사르고 평소에 먹었던 마음을 일으켜 단단한 서약으로 다시 세우곤 했는데, 니오베도 그 모습을 드러내었습니다. 니오베의 옷은 황금과 보석으로 번쩍거렸지요. 다소 노기를 띠고 있긴 하나 얼굴도 아름다워 보였고요. 니오베는 성벽 위에서 발길을 멈추고 오만한 시선으로 무리를 내려다보며 이렇게 꾸짖습니다.

의사가 사람을 죽여?

"이 무슨, 되어먹지 못한 수작들이냐! 너희는 너희 눈앞에 서 있는 인간보다 한 번 본 적도 없는 신이 낫다는 게냐? 어째서 레토 따위가 섬김을 받고, 여기 있는 나는 식은 밥덩어리 신세가 되어야 한다는 말이냐? 내 아버지가 누구더냐? 신들의 잔치에서 큰손님 대접받으시던 탄탈로스가 아니더냐. 내 남편은 누구더냐? 내 남편은 이 테바이를 세운 국왕이 아니시냐? 그리고 프리기아 땅은 내가 친정 아버지로부터 받은 유산이다. 어디로 눈을 돌리든 보이는 것은 모두 내 땅이다. 그리고 내 모습을 보아라. 풍채를 보아라. 어디가 여신에 어울리지 않느냐? 뿐이냐, 나에게는 아들 7형제, 딸 7형제가 있다. 내 집과 연을 맺으려고 이렇다 할 집안이 사위, 며느릿감을 얻으려고 문전성시를 이루고 있다. 이래도 내가 자랑을 못하느냐? 너희들에게는 나보다 레토가, 아이를 둘밖에 못 낳은 레토가 더 좋다는 것이냐? 내게는 그 일곱 갑절이나 되는 아들딸이 있다. 나는 행복한 여자이고 앞으로도 그럴 것이다. 누가 부정하겠느냐? 줄줄이 낳아놓은 내 자식들이 그걸 보증한다. 나는 이걸 믿으까. 운명의 여신들이 윽박질러봐야 소용없다. 내 자식을 데려가려면 데려가라지. 얼마든지 남아 있을 것이니까. 그래, 운명의 여신이 내 자식 몇을 데려간들 자식이 둘밖에 없는 레토 꼴이야 되겠느냐? 그러니 이런 축제 같은 것 집어치우고 월계관은 벗어 버려라!"

그 말을 들었으니 레토 여신, 불같이 화가 났을 수밖에요. 여신은 자신의 거처가 있는 킨토스산 꼭대기에 서서 아들딸에게 하소연합니다.

"애들아, 들어보아라. 내가 너희들을 어떻게 낳았는데? 나는 이날 이때까지 너희들을 큰 자랑으로 여겨왔고, 그래서 헤라 여신만 제외하고 어떤 여신에게도 뒤지지 않는 존재로 여겨왔다. 그런데 저 계집의 망발을 보아라. 이제 내가 여신인지 여신이 아닌지 그것조차 의심스럽구나. 너희가 지켜주지 않으면 이제 젯밥도 못 얻어먹게 생겼구나."

레토 여신은 푸념을 계속하려 했지요. 그러나 아들 아폴론과 딸 아르테미스가 이 어머니의 말을 가로막습니다.

"그만하세요. 말씀을 계속하시면 처벌이 늦어질 뿐입니다."

레토의 아들딸은 하늘을 화살처럼 날아 구름 너울을 걷고는 테바이 성 어느 탑루에 사뿐히 내려앉습니다. 성문 앞으로는 들판이 펼쳐져 있었는데 그 들판에서는 테바이 성의 아이들이 전쟁놀이를 하고 있었습니다. 니오베의 아들들도 물론 거기에 있었지요. 니오베의 아들 중에는 준마를 조련하는 아이도 있었

그림 146 티치아노의 〈산 채로 마르쉬아스의 살갗을 벗기는 아폴론〉. 마르쉬아스는 감히 음악의 신인 아폴론에게 도전한 인간입니다. 아폴론에게는 산 채로 마르쉬아스의 껍질을 벗기는 정도의 잔인한 측면도 있습니다.

그림 147 아르테미스는 아름다운 여신입니다. 하지만 표독하고 무자비한 구석이 있는 여신입니다. 파리, 루브르 박물관

의사가 사람을 죽여?

고, 화려한 이륜차를 모는 아이도 있었지요.

맏아들 이스메노스는 달리는 말고삐를 틀어쥐고 거품 뿜는 말을 달리고 있다가 하늘에서 날아온 화살을 맞고는 비명 소리와 함께 말고삐를 놓고 땅바닥에 굴러떨어집니다. 또 한 아들은 머리 위에서 들리는 활시위 소리에 고삐를 틀어쥐고 말채찍을 먹이며 이륜차를 몰아 그곳에서 도망치려 했습니다. 그러나 피할 길 없는 화살은 도망치는 그의 덜미를 따라잡고 말지요. 그 밑의 아들 둘은 마침 수업을 끝내고 씨름을 연습하러 운동장으로 나온 참입니다. 이 두 아들이 가슴과 가슴을 맞대고 서 있는데 화살 하나가 날아와 이 둘을 단번에 꿰고 맙니다. 둘은 동시에 비명을 질렀고, 동시에 이별의 눈인사를 나누었고, 동시에 최후의 숨을 몰아쉬었지요. 이 두 아이의 형 알페노르는 두 동생이 쓰러지는 걸 보고는 그곳으로 달려가 동생들을 도우려 합니다만 죽어가는 동생들에게 형 노릇을 하다 말고 그 역시 화살을 맞고 쓰러집니다. 이제 남은 아들은 일리오네우스뿐입니다.

일리오네우스는 두 팔을 벌리고 하늘을 우러러보며, 신들이시여, 저를 살려주소서, 하고 빕니다. 사실 일리오네우스는 '신들'에게 빌 필요가 없이 아폴론에게만 빌면 되는 것이지요. 기

도를 들었다면 아폴론도 그를 살려주었을지 모르나, 이미 화살이 시위를 떠난 다음입니다.

백성들이 두려움에 떠는 모습을 보고 시종들이 슬픔에 탄식하는 소리를 듣고서야 니오베는 에구머니나, 하게 됩니다. 니오베는 그런 일이 일어날 수 있으리라고는 한 번도 상상해본 적이 없습니다. 니오베는, 신들이 비열하게 나온 데 분개했고, 신들에게 아직 그런 권능이 남아 있다는 데 크게 놀라게 됩니다. 니오베는 싸늘하게 식은 아들들의 시신 앞에 무릎을 꿇고 하나하나 입맞추고는 하얀 두 팔을 벌리고 하늘을 향해 부르짖

의사가 사람을 죽여?

습니다.

　"잔혹한 레토여! 내 아픔을 먹이로 그대 분노의 주린 배를 채우려면 채우세요, 그대 그 잔혹한 마음으로 만족을 누리려거든 마음껏 누리세요. 나 역시 일곱 아들 뒤를 따라 죽을 터인즉 마음대로 하세요. 그래, 그대는 이 승리로 무엇을 얻었나요? 내 비록 아들 일곱을 앞세웠으나, 아직도 승리자인 그대보다는 훨씬 많은 딸을 거느리고 있어요!"

　니오베는 이런 말을 하다가 활시위 소리를 듣습니다. 다른 사람들에게는 흐르는 피를 얼어붙게 할 만큼 무시무시한 소리였겠지만 니오베만은 태연합니다. 슬픔이 오히려 니오베를 대담하게 만든 것이지요. 딸들은 상복 차림으로 죽은 오라비들 관 앞에 서 있었습니다. 그중 하나가 화살을 맞고는, 조금 전까지 애도하던 주검 위에 그 몸을 포개고 숨을 거둡니다. 또 한 딸은 어머니를 위로하려다 말문이 막히면서 숨이 끊어집니다. 셋째 딸은 서둘러 도망치려 했고, 넷째는 숨으려 했고, 다섯째는 어찌할 바를 몰라 오돌오돌 떨기만 했습니다. 이들이 차례로 죽고, 여섯째까지 죽습니다. 막내딸 하나만 남은 것입니다. 어머니 니오베는 그 딸을 꼭 껴안고, 자기 몸을 방패로 그 딸을 가로막으면서 소리칩니다.

그림 149 니오베의 아들딸들을 쏘는 아폴론과 아르테미스. 고대 그리스의 혼주기(포도주에 물을 타는 그릇) 그림.

의사가 사람을 죽여?

그림 150 리처드 윌슨의 〈니오베의 슬픔〉. 아폴론과 아르테미스가 무정하게도 활을 쏘아댑니다. 가운데 그려진 니오베의 표정과 자세를 고대의 석상에 새겨진 니오베와 견주어보세요.

그림 151 하나만이라도 살려달라고 아폴론 남매에게 애원하는 니오베. 그리스, 이라클레이온 박물관

의사가 사람을 죽여?

"하나만, 이 막내 하나만 살려주세요. 부탁입니다. 그 많던 아이들을 다 데려갔으니 이 하나만 살려주세요."

그러나 니오베가 이 말을 하고 있을 동안 품안의 막내도 죽고 맙니다.

홀로 남은 니오베는 아들딸의 주검 한가운데 멍하니 앉아 있는데, 슬픔에 기가 막히고 신경이 마비되어버린 것 같았지요. 바람이 불어도 머리털조차 날리지 않습니다. 뺨에는 핏기가 하나도 없습니다. 그저 초점 잃은 눈으로 한곳을 응시하고 있을 뿐입니다. 이윽고 니오베의 혀는 입천장에 달라붙었고, 피는 생명의 흐름을 나르던 일을 그만둡니다. 목은 더 이상 구부러지지 않았고 팔은 더 이상 움직여지지 않지요. 다리도 더 이상은 걸을 수가 없습니다. 니오베의 몸 안팎이 송두리째 돌로 변해버린 것이지요. 그래도 눈물만은 끊임없이 흘렸다는군요. 니오베는 지금도 커다란 바위가 되어 고향 땅에 남아 있다고 하네요. 그 바위에서는 물이 방울져 떨어지는데, 이 물방울이 보는 이에게 니오베의 끝없는 슬픔을 되뇌게 한다고 합니다.

미국 작가 토머스 벌핀치는 『신화의 시대』에서 이 니오베 이야기 끝에 이런 말을 덧붙이고 있네요.

……니오베의 이야기는 굉장히 비극적이다. 하지만 무어가 블랙모어를 야유한 풍자시 〈길 떠나서 부른 노래〉는 읽는 이로 하여금 웃음을 자아내게 한다. 리처드 블랙모어라는 사람은 의사인 동시에, 엄청나게 써대던 아무 멋대가리 없는 시인이었던 모양이다.

마차 속이야말로 저 탁월한 인물 리처드 블랙모어 경이 시를 쓰던 곳.
보는 눈이 고장나지 않았다면,
그는 죽음과 시 사이에서 일생을 보내며
늘 무엇을 끄적거리거나 사람을 죽였다.
저 포이보스 아폴론이 이륜차를 타고 거들먹거리며
시를 읊거나 니오베의 아들딸을 죽이거나 했듯이.

니오베 이야기를 알지 못했다면, 나는 로마 국립 박물관의 〈니오베의 딸〉 앞에서 그렇게 오랜 시간 서 있지는 않았을 것입니다. 이제 대리석상 〈니오베의 딸〉이 서양 미술사에서 중요한 위치를 차지한다는 사실을 알게 되었으니, 피렌체에 가면 더 오랜 시간 서 있게 될 것 같군요.

의사가 사람을 죽여?

chapter 8

예술이 뭐길래?

파리에는 '팔레 드 도쿄'라고 불리는 구조물이 있습니다. '도
쿄 궁전'이라는 뜻이겠는데요, 이상하지 않아요? 파리에 '도쿄
궁전'이 있다는 것이? 내력을 알고 보면 이상할 것도 없습니
다. 파리에서 만국 박람회가 열리던 1937년, 일본 사람들은 프
랑스인들에게도 이제 일본이라는 나라와 일본의 문화를 좀 알
릴 필요가 있다, 이런 생각을 했던 모양입니다. 그래서 파리 시
에다 거금을 주어 박물관을 하나 짓게 합니다. 일본이 이런 이
름을 요구했는지, 아니면 파리 시가 알아서 그래주었는지 하여
튼 그 구조물의 이름은 '도쿄 궁전'이 되었습니다. 하지만 '도

그림 152 파리에 있는 '팔레 드 도쿄'의 입구.

쿄 궁전' 할 때의 '궁전'은 임금이 사는 곳이라기보다는 '박물
관'에 더 가깝습니다. 루브르 박물관의 원래 이름도 '루브르 궁
전'이었거든요. 앞으로는 이 건물을 '팔레 드 도쿄'라고 부르기
로 하겠습니다. 이 '팔레 드 도쿄'는 처음에는 사진 박물관으로
쓰이다가 지금은 사진보다 훨씬 힘이 세어진 영화를 가르치는
학교가 되어 있습니다. 우리나라에서 맹활약을 하는 감독 중에
이 학교를 나온 분이 있습니다.

그림 152를 보세요. '팔레 드 도쿄' 앞에서 만난 돋을새김입
니다. 신화 이야기를 다룬 것 같은데 기법은 현대적입니다. 그

런데 이 사진만으로 돋을새김의 규모를 짐작할 수 있겠어요? 거의 불가능하지요. 나는 이런 돋을새김을 보면 디테일에 충실한 사진 찍기를 좋아합니다. 그런데 디테일에 충실한 사진 가지고는 피사체의 규모를 짐작할 수 없지요. 비교 대상과 함께 찍어라. 한 사진가가 내 사진을 보고 해준 충고입니다. 과연 그림 153에서는, 앞에서 롤러스케이트를 타는 청년과 무심히 지나가는 청년 덕분에 이 돋을새김의 규모를 짐작할 수 있군요. 이 정도면 놀랄 만한 크기라고 해도 되겠지요. 문제는, 1930년대의 예술가가 이 벽에다 무엇을 그리려 했느냐는 것입니다.

그림 153의 왼쪽 아래 귀퉁이에 명문이 있군요. 'TERPSI-CHORE테르프시코레'…… 전문가야 이것만 가지고도 턱 알아맞추겠지만 여느 관광객으로서는 이것만 가지고는 예술가가 이 벽면에다 무엇을 그리려고 했는지 짐작하기 어렵습니다. 그림 154를 볼까요? 맨 왼쪽에, 돌고래 등에 실린 채 파도를 타는 여성이 있습니다. 바로 밑에 'VENUS베누스'라는 명문이 있네요. 베누스의 그리스 이름은 아프로디테입니다. 아프로디테는 아름다움의 신인만큼 이 돋을새김은 아름다움과 밀접한 관계가 있을 터입니다만, 아직은 애매합니다. 아름다움과 관련된 신화가 뭐 하나 둘인가요? 하지만 단서가 없지 않습니다. 그 오른쪽,

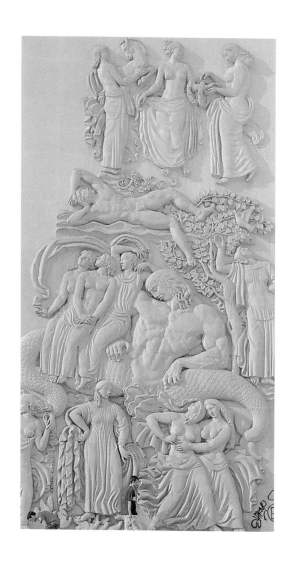

예술이 뭐길래?

그림 153 '팔레 드 도쿄'의 돋을새김.(왼쪽)
그림 154 그림 153의 왼편에 있는 돋을새김.(위)

아기를 안은 여성의 머리 위를 보세요. 'ERATO^{에라토}'라는 이름
이 있습니다. 자, '테르프시코레'와 '에라토'의 공통점을 찾으
면 되겠군요. 이 둘의 공통점은 '무사'의 이름이라는 것입니다.
'무사^{Mousa}'가 무엇일까요? 칼싸움하는 사람? 아니지요. 영어로
는 '뮤즈^{Muse}'입니다. 뮤즈 모르는 독자도 있을까요? 예술을 장
려하는 신녀^{神女}들입니다. 신녀는 신이라기보다는 가까이서 신
을 보필하는 이들을 말합니다. 음악을 뜻하는 영어 '뮤직^{Music}'
은 바로 이 '무사'에서 온 말입니다. 단수일 때는 '무사', 복수
일 때는 '무사이^{Mousai}'입니다. 무사이가 사는 집을 그리스어로

는 '무세이온 Mouseion', 라틴어로는 '무세움 Museum'이라 합니다. 바로 영어의 '뮤지엄', 즉 박물관입니다.

박물관이 무엇인가요? 고고학적, 역사학적 유물과 미술품 및 학술 자료가 보존되어 있는 곳입니다. 이상하잖아요? '무사'들은 예술을 장려하는 신녀들입니다. 예술품만 있어야 하는데 어째서 고고학적, 역사학적 유물들을 아우르는 것일까요? 고고학적, 역사학적 유물이 무엇인가요? 인류의 오랜 기억이 고스란히 보존되어 있는 자료들 아닌가요? 어째서 '무사'들의 집에 인류 혹은 한 민족의 '오랜 기억'이 보존되고 있는 걸까요? '무사'들의 탄생 스토리에 그 답이 숨겨져 있습니다.

제우스가 기억의 여신을 찾아간 까닭은

신들이 이 세상을 창조한 경위를 기록한 것이 '창세 신화'입니다. 창세 신화에는 거의 반드시라고 해도 좋을 정도로 신들의 싸움이 등장하기 마련입니다. 말하자면 이 세상을 두고 벌이는 주도권 쟁탈전 같은 것이지요. 우리나라 창세 신화 '당곰아기' 이야기에도 이 세상을 사이에 둔 주도권 쟁탈전이 벌어집니다.

그림 155 G. 로마노가 그린 〈기간토마키아〉.

주도권 쟁탈전의 주체는 이 세상 인간을 창조한 '미륵'과, 뒤
늦게 나타나 주도권을 잡으려는 '석가'입니다. 결국 미륵이 양
보하는 바람에 석가가 이기지요. 우리 신화에 등장하는 '석가'
는 석가모니 부처님이 아닌, 잔머리 잘 굴리는 아주 비겁한 신
입니다. '당곰아기' 신화는, 세상이 이 모양 이 꼴이 된 것은 그
주도권 쟁탈전에서 잔머리 잘 굴리는 석가가 이겼기 때문이라
고 설명합니다.

　그리스 신화의 주인공이라고 할 수 있는 제우스 신도 다른
신들과 주도권 쟁탈전을 벌입니다. 처음으로 제우스에게 도전

한 신들은 '티탄' 신들입니다. '티탄^{Titan}'은 '거대한 신들'이라는 뜻입니다. 영어에서는 '타이탄'이라고 발음하지요. 영화로도 유명한 '타이타닉 ^{Titanic}'이라는 말은 '거대한 배'라는 뜻입니다. 제우스와 티탄 신들 사이에서 벌어진 전쟁을 '티타노마키아', 즉 '티탄 신들과의 전쟁'이라고 하지요. 제우스는 이 전쟁에서 승리하고 하늘나라 올림푸스의 주도권을 잡습니다. 그런데 티탄들이 꼬리를 내리자 이번에는 '기간테스' 무리가 또 제우스에게 도전하지요. '기간테스 ^{Gigantes}'는 '거인 무리'라는 뜻입니다. '거인'을 뜻하는 단어 '자이언트 ^{Giant}'는 바로 여기에서 나온 말입니다.

로마 시대의 신화집 『변신 이야기』는 올림푸스 신들과 기간테스의 전쟁 상황을 이렇게 그리고 있습니다.

저 높은 곳에 있는 하늘 나라 궁전 올림푸스도 안전한 곳은 못 되었다. 괴악한 거인 기간테스 무리가 천상에 군림할 욕심이 있어서 별보다 더 높게 산을 쌓아 올리고는 그 산을 딛고 천궁으로 쳐올라왔기 때문이었다. 기간테스들은 오사산 위에다 펠리온산을 쌓아 올렸다. 전능한 신들의 아버지 제우스는 벼락을 던져 올림푸스산을 때려부수고, 펠리온산을 오사산에서 떨어뜨렸다. 거대한 거인들의 몸

그림 156 '기간테스들은 오사산 위에다 펠리온산을 쌓아 올렸다'는
허풍스러운 기록도 기록이지만 이걸 그림으로 그려내는 화가(J. 케사
리)를 볼 때마다 나는 이런 생각을 하고는 합니다. "신화 좋아하는 사
람들은 정말 못 말려."

은, 저희들의 손으로 오사산에다 겹쳐 올렸던 펠리온산 밑에 깔릴 수밖에 없었다. 대지는, 바로 기간테스 무리가 흘린 피로 붉게 물들 었다.

제우스를 비롯한 올림푸스 신들은 이 '기간토마키아', 즉 기 간테스와의 전쟁에도 승리합니다. 그런데, 전쟁에서 승리했는 데도 불구하고 제우스의 마음은 무겁기 그지없습니다. 이 전쟁 에서 승리한 내력을 아무도 기억하려 하지 않았기 때문입니다. 그토록 빛나는 승리를 거두었는데도 불구하고 아무도 이 전승

을 찬양해주지 않았기 때문입니다. 당시까지는 기록의 문화, 기록을 통한 찬양의 문화가 없었던 것은 물론입니다. 제우스는 기억의 문화, 기억을 보존하는 기록의 문화, 기록을 통한 찬양의 문화를 지어내어야겠다고 생각했음에 분명합니다. 자, 제우스가 어떻게 했을까요?

제우스는 필요한 신이 있으면 다른 여신이나 인간으로 하여금 낳게 하는 신입니다. 즉, 신들의 아버지인 것이지요. 지혜의 여신 아테나, 사냥의 여신 아르테미스, 청춘의 여신 헤베는 모두 제우스의 딸들입니다. 예술의 신 아폴론, 술의 신 디오니소스, 상업의 신 헤르메스, 전쟁신 아레스, 공업의 신 헤파이스토스 등은 모두 제우스의 아들들입니다. 자, 이제 제우스는 어떤 여신과 동침함으로써 기간토마키아를 기억하게 하고, 이 기억을 기록하게 하고, 또 그 기록을 통하여 올림푸스 신들을 찬양할 신이나 여신을 낳게 해야 합니다. 제우스가 어떤 여신에게 달려갔을까요?

'므네모시네' 여신에게 달려갑니다. '므네모시네Mnemosyne'는 '기억'이라는 뜻입니다. 즉, '기억의 여신'인 것이지요. 이 이름은 '기억력을 증진시키는 기술'이라는 뜻을 지닌 영어 단어 '니마닉스Mnemonics'라는 말에 남아 있습니다. 영어에서는 두문자 'M'의 발음이 생략되는군요.

제우스는 바로 이 '기억의 여신'과 아흐레 동안이나 동침합니다. 예술을 증진시키는 여신들, 즉 아홉 '무사', 즉 '뮤즈'들은 바로 이 므네모시네가 낳은 딸들입니다. 이들은 예술을 장려하는 한편 전승의 기억을 증진시킵니다.

자, 딸들의 면면을 훑어볼까요? 이들의 면면이 바로, 고대 그리스인들이 생각하던 예술의 모습이기도 합니다.

아홉 무사 중 늘 첫 번째로 꼽히는 신녀는 '칼리오페'입니다. '칼리오페'라는 말은 '아름다운 음성'을 뜻합니다. 목소리가 아름다운 칼리오페는 서사시와 웅변에 능합니다. 칼리오페가 늘 첫 번째로 꼽히는 것은 이 신녀가 바로 고대 그리스 최고의 명가수 오르페우스의 어머니이기 때문입니다. 신랑 신부 '오르페우스와 에우리디케 이야기'를 아시지요? 신부 에우리디케가 뱀에 물려 저승으로 가자 신랑 오르페우스는 저승까지 내려가 수금 반주로 노래를 불러 무섭기로 유명한 저 저승신 하데스까지도 감동하게 하지요. 오르페우스가 그럴 수 있었던 것은 바로 '아름다운 음성'을 뜻하는 어머니 칼리오페의 아들이었기 때문입니다.

두 번째 무사는 '클레이오'입니다. 이 이름은 '……에 대하여 말하는 신녀'라는 뜻입니다. '……에 대하여 말하기'가 무엇이겠어요? 바로 역사이지요. 클레이오는 역사가 담긴 서사시와 영웅시를 담당합니다. 클레이오는 나팔과 물시계를 든 모습으로 자주 그려지는데요, 나팔은 전쟁사와 밀접한 관계가 있고 물시계는 '과거 시간'과 밀접한 관계가 있습니다. 그러니까 클레이오는 '과거'의 일인 역사에 대해서 말하는 신녀입니다.

'에라토'는 '에로스'라는 말, 즉 '사랑'의 여성형입니다. 따라서 연애시 및 서정시를 담당하는 여신입니다.

'우라니아'는 '하늘'을 뜻하는 '우라노스'의 여성형입니다.

그림 159 로렌초 코스타의 〈무사 신녀들〉. 그림 왼쪽에서는 전쟁이 한창입니다. 신녀들은
그 전황을 기록하는 것일까요?

예술이 뭐길래?

그림 160 니콜라 푸생이 그린 '파르나소스'. 아기들이 예술가들에게 나누어주고 있는 것이
바로 '영감'인 것 같군요.

지구의나 나침반을 든 모습으로 자주 그려지는 우라니아는 천문시 및 하늘 찬가를 담당합니다.

슬픈 표정을 한 가면과 몽둥이를 들고 다니는 신녀의 이름 '멜포메네'는 '노래하는 신녀'라는 뜻입니다. 슬픈 표정을 한 가면이 암시하고 있듯이 멜포메네는 비극을 담당합니다. 비극 담당 신녀에게 '노래하는 신녀'라는 이름이 붙어 있는 것을 보면 고대 그리스인들은 비극을 우리 영혼의 '카타르시스(정화)'에 큰 도움이 되는 것으로 보았음에 분명합니다.

웃는 표정을 한 가면을 들고 다니는 신녀도 있습니다. 바로 '탈리아'입니다. '탈리아'는 '꽃피우는 신녀'라는 뜻입니다. 가면이 암시하고 있듯이 탈리아는 희극을 담당하는 신녀입니다. 고대 그리스인들은 웃음을 '꽃'으로 보았던 모양이지요? 그러고 보니 우리나라 말에도 '웃음꽃을 피우다'라는 말이 있네요.

'에우테르페'는 '매우 기뻐하는 여신'이라는 뜻입니다. 바로 유행가를 담당하는 신녀입니다.

'폴리힘니아'는 '여러 가지 찬양가를 부르는 신녀'라는 뜻입니다. 이 여신은 입술에 손가락을 댄 모습으로 잘 그려집니다. '무언극'담당입니다. '힘니아'라는 말은 '찬송가'라는 뜻을 지닌 영어의 '힘^{hymn}'이라는 말에 남아 있습니다.

'테르프시코레'는 현악기 키타라를 든 모습으로 자주 그려집니다. 이 신녀는 주로 무용을 담당하는 것으로 알려져 있습니다.

저 유명한 『벌핀치의 그리스 로마 신화』의 저자인 미국인 토머스 벌핀치는 하늘나라의 성 올림푸스를 본 듯이 그리고 있는데, 그중에 '무사'들의 역할에 대한 언급이 있습니다.

신들의 거처는, 테살리아의 올림푸스산 꼭대기에 있다. 여기에는 계절의 여신들(봄, 여름, 겨울을 주관하는 세 여신)이 지키는 구름문이 하나 있는데, 그 문은 천상의 신들이 지상으로 내려갈 때나 지상에

그림 162 무사이 중 멜포메네, 에라토, 폴리힘니아.

예술이 뭐길래?

서 천상으로 돌아올 때마다 열린다. 신들에게는 각기 그들의 거처가 있지만 소집이 있을 때면 하나도 남김없이 제우스 신전으로 모인다. 지상, 수중, 지하에 살고 있던 신들도 모두 모인다. 제우스가 거처하는 대신전의 대전大殿에서는, 신들의 먹거리인 암브로시아(불사약)와 신들의 마실거리인 넥타르(불로주) 잔치가 하루도 빠짐없이 열린다. 이 넥타르를 따라 잔을 돌리는 여신은 아름다운 청춘의 여신 헤베이다. 이 잔치석에서 신들은 천상이나 지상에서 있었던 갖가지 일을 서로 이야기하곤 한다. 신들이 넥타르를 흥건하게 마시고 있노라면 음악의 신 아폴론이 수금을 뜯어 좌중의 신들을 즐겁게 하고, '무사' 신녀들은 이 수금 소리에 맞추어 노래를 부른다. 이윽고 태양이 바다에 잠기면 신들은 각자의 처소로 돌아가 잠을 잔다.

'무사' 신녀들은 자주 올림푸스 천성으로 올라가 신들의 잔칫자리 말석을 얻어 시와 음악으로 흥을 돋우지만 대개는 헬리콘산에서 지내는 것으로 알려져 있습니다. 헬리콘산이라면, 산비탈에는 향나무가 많고 물이 하도 맑아 독사의 독니까지 삭아 없어진다는 곳입니다. 이들은 천마 페가수스의 발굽자리라고 전해지는 '히포크레네(말의 샘)'에서, 영묘한 시상을 떠오르게 하는 그 샘물을 마시고, 자리만 어우러지면 노래를 부르거나

춤을 추었고, 그러다 지치면 샘물로 몸을 재계하고 올림푸스로
올라갈 채비를 한 것으로 알려져 있습니다.

그런데 날개 달린 천마 페가수스가 발굽으로 팠다는 '히포크
레네'가 우리의 주의를 끕니다. 하필이면 '날개 달린 말 페가수
스가 팠다는 샘'일까요? 오비디우스의 『변신 이야기』의, 아테나
여신이 헬리콘산을 방문하는 대목에도 이 샘이 등장합니다.

……이때까지, 황금 소나기로 인해 태어난 영웅, 즉 페르세우스의
뒤를 돌보아주던 아테나 여신은 구름으로 몸을 감싸고 세리포스섬

을 떠나 오른쪽으로 퀴투노스와 가아로스를 끼고 예술의 신녀들이 사는 헬리콘산을 바라고 바다를 건넜다. 이윽고 산에 이른 여신은 시가에 밝은 신녀들에게 말했다.

"저 날개 달린 천마 페가수스가 발길질을 하니까 땅에서 물이 솟으면서 샘이 생기더라면서? 내가 온 것은 샘을 보기 위함이다. 나는 이 천마가 제 어미의 피에서 솟아오르는 것을 보았기로 샘 또한 보고 싶은 것이다."

여신의 이 말을 받아, 천문시를 담당하는 우라니아가 아뢰었다.

"여신이시여, 여신께서 무슨 연유로 저희에게 오시었든 저희는 여신을 환영합니다. 들으신 소문은 사실입니다. 페가수스가 발굽으로 대지를 차서 샘을 판 것은 사실입니다."

우라니아는 아테나 여신을 그 거룩한 샘으로 모시었다. 여신은 한동안 천마의 발길질에 생겨났다는 그 샘을 신기한 듯이 내려다본 다음 울창한 숲과 동굴과 수목이 무성한 산의 사면과 다투어 핀 꽃을 둘러보고 나서, 그렇게 아름답고 또 그렇게 쾌적한 곳에 사는 므네모시네의 딸들을 축복했다.

왜 하필이면 샘인가요? 예술가는 예술품을 빚어내려면 영감을 얻어야 합니다. 우리는 그 영감이 솟아나는 곳을 영감의 '원천 ^{源泉}'이라고 부릅니다. '비롯되는 샘'이라는 뜻이지요. 영감이 솟아나는 형국을 나타낼 때도 우리는 '샘물처럼 솟는다'라는 말을 씁니다. 고대 그리스인들도 예술가의 영감이 '샘'에서 '샘물처럼' 솟아나는 것이라고 생각했음에 분명합니다.

천마 페가수스는 날개 달린 말입니다. 이 날개 달린 말은 영웅 벨레로폰이 키마이라를 죽이러 갈 때 타고 갔던 말입니다. 벨레로폰은 키마이라를 죽인 뒤 오만한 마음이 생겨 이 말을 타고 하늘나라에 오르려고 합니다. 인간이 오만해지는 꼴을 못 보는 제우스 대신이 등에 한 마리를 보내어 페가수스를 쏘게 하지요. 놀란 페가수스는 몸을 뒤틀었고, 벨레로폰은 그 바람에 페가수스의 잔등에서 지상으로 떨어져 절름발이가 되고 말지요. 바로 그 천마 페가수스가 발굽으로 팠다는 샘물이 바로 '히포크레네', 즉 말의 샘입니다. 무슨 소리일까요?

예술가의 영감은 땅 밑에서 땅 위로 '샘솟는 것'이면서도 그 본질은 하늘의 비밀과 닿아 있다는 뜻이 아닐는지요. 페가수스는 원래 하늘과 땅을 잇는 존재입니다. 영웅 벨레로폰이 이 페가수스를 타고 하늘나라의 비밀을 엿보려 했던 것도 바로 페가수스에게 하늘과 땅을 잇는 기능이 있었기 때문입니다. 이 신화는 아무래도, 예술가의 영감은 샘에서 솟아오르는 것이기도

그림 164 라파엘로가 그린 '파르나소스'. 그리스의 델포이, 아폴론 신전 뒤에 있는 큰 산 이름입니다. '무사' 신녀들과 아폴론이 만난다는 산입니다. 예술의 신녀들이 예술의 신 아폴론을 둘러싸고 있네요.

하지만 원래 그 '샘솟음'은 하늘과 밀접한 관계가 있는 것이다, 이런 메시지를 전하고 있는 것 같군요.

처음으로 '무사' 신녀들을 아홉 자매로 기록한 사람은 헤시오도스입니다. 위에 쓴 '무사' 신녀들 이름은 바로 헤시오도스의 기록에 따른 것입니다. 하지만 헤시오도스 이전 사람들은 '무사' 신녀들이 세 자매였던 것으로 기록하고 있습니다. 맏이 '멜레테'의 이름은 '연습', 둘째 '므네메'의 이름은 '기억' 혹은 '생각', 셋째 '아오에데'의 이름은 '노래'라는 뜻인데요, 이 세 자매의 이름은 중국 송나라 시대의 문장가 구양수歐陽修의 '삼다훈三多訓'을 연상시킵니다. '삼다훈'이란, 어떻게 하면 좋은 문장을 쓸 수 있느냐는 물음에 구양수가 한 대답입니다. '많이 읽고, 많이 생각하고, 많이 쓰라'는 것이지요. '무사' 신녀들 세 자매 이름도 '많이 읽고(연습), 많이 생각하고(기억), 많이 쓰라(노래)'는 뜻을 담고 있는 것 같습니다.

하지만 많이 읽고, 많이 생각하고, 많이 쓰는 것만으로는 예술이 되지 못할 모양입니다. '팔레 드 도쿄'의 돋을새김에 그려진 아름다움의 여신 베누스, 즉 아프로디테는, 많이 읽고 많이 생각하고 많이 쓰되, 항상 아름다움을 염두에 두라는 메시지를 전하고 있는 것 같습니다.

chapter 9

밤, 아무래도 너무 길다

영어를 말하지도 쓰지도 못하는 한 아버지가 미국을 여행하게 되었는데요, 영어를 많이 배우기는 했지만 미국 사정을 잘 모르기는 마찬가지인 아들이 아버지를 염려해서 이런 충고를 했답니다.

"미국의 화장실 문에는 남성용은 '신사용 GENTLEMEN', 여성용은 '숙녀용 LADIES'이라고 씌어 있어요. 하지만 아버지는 영어를 모르시니까, 무조건 글씨가 많이 쓰인 곳으로 들어가세요. 그러면 그게 곧 신사용 화장실일 테니까요."

미국에 당도한 아버지는 공항에서 소변이 마려웠던 모양입

그림 165 **남성용 화장실 표지.** 그리스의 한 고속도로 휴게실

니다. 그래서 아들의 말대로 글씨가 더 많이 쓰인 화장실을 찾
아 들어갔지요. 그런데 그게 여성용이어서 이 아버지는 큰 망
신을 당했답니다. 아들은 미국의 화장실을 '남자용ᴹᴱᴺ', '여자
용ᵂᴼᴹᴱᴺ', 이런 말로도 구별한다는 것을 알지 못하고 아버지를
망신시킨 셈이지요.

　우리나라에서는 남성용 화장실, 여성용 화장실을 간단한 그
림으로 구별할 수 있게 하지요. 즉, 남성용에는 바지를 입은 남
자 그림, 여성용에는 치마를 입은 여자 그림이 그려져 있는 게
보통이지요. 하지만 남성도 치마 비슷한 것을 더러 입는 스코

뱀, 아무래도 너무 길다

그림 166 여성용 화장실 표지. 그리스의 한 고속도로 휴게실

틀랜드나 미얀마(버마)에선 이런 약호^{略號}가 통할 리 없지요.

이 그림은 그리스의 한 고속도로 휴게실의 화장실 표지입니다. 검은 수염과 빨간 입술로써 남성용과 여성용을 구분하고 있었지요. 그리스는 별별 나라의 관광객이 다 드나드는 나라입니다. 물론 그리스 말을 읽을 수 없는 사람들이 대부분입니다. 그래서 고심 끝에 이런 표지를 만들지 않았겠나 싶습니다. 상징 혹은 기호는 말이 서로 잘 통하지 않는 나라일수록 광범위하게 발달하는 게 보통이지요. 그리스는 아득한 옛날에 벌써 나라의 문호를 개방하고 온갖 사람들이 다 드나들도록 했지요.

그리스인들은 그리스 말을 하지 못하고 저희 나라 말을 하는 사람을 '바르바로스 Barbaros'라고 불렀는데, 이 말은 '군지렁군지렁거리는 녀석'이라는 뜻입니다. '야만인'을 뜻하는 영어 단어 '바배리언 barbarian'은 여기에서 유래하지요. '그리스 말 못하면 야만인'이라는 식의 문화적 오만이 느껴집니다.

우리나라 버스에는 이제 차장 자리가 없습니다. 하지만 그리스 버스에는 아직까지도 차장이 있는데, 차장은 여기에 앉아 표를 검사하기도 하고 팔기도 합니다. 위의 그림은 차장석에 붙어 있는 경고 표지입니다. 그리스는 여름이면 수영객으로 붐

빕니다. 그래서 수영복 차림으로는 버스에 오르지 말 것을 경고하는 표지를 붙여놓은 것입니다.

스위스의 분석심리학자 칼 융의 저서 『인간과 상징』은 이런 말로 시작됩니다.

"인간은 자기가 전달하려는 뜻을 나타내기 위해 말과 글을 사용한다. 이 언어는 상징으로 가득 차 있다. 인간은, 엄밀한 의미에서 서술적이라고는 할 수 없는 기호나 이미지도 사용한다. 이러한 것은 단순한 약호나 UN, UNICEF, UNESCO 같은 두 문자일 수도 있고, 잘 알려진 상표, 특허 약품의 이름, 배지, 혹은 기장일 수도 있다. 이런 것들은 그 자체로서는 아무 의미도 갖지 않으면서 일반적으로 사용되고, 고안된 의도에 따라 의미를 지닌다. 그러나 이런 것들은 상징이 아니다."

그러면 무엇이 상징일까요? 이 그림들은 표지에 불과한 것일까요, 아니면 상징인 것일까요? 칼 융에 따르면 이런 것들은 상징이 아닙니다. 상징은 모호하고, 일반에 잘 알려져 있지 않은 것, 우리들에게는 감추어진 무엇인가를 내포하고 있어야 한다는군요. 결국 상징이란 '표지는 표지이되 이것과 서로 통하는 다른 어떤 것을 연상시키는 것'이어야 한다는 것이지요. 그런데 이 그림들은 아무래도 다른 어떤 것을 연상시키지는 않는군요. 그러니까 상징이라고 불러주기에는 너무 단순한 어떤 것이다 싶네요.

우리는 '신화' 하면 한쪽으로는 '그리스'를 떠올리고 또 한쪽으로는 '상징'을 떠올립니다. 그리스 신화는 상징적인 이야기이기 때문이겠지요. 그리스 사람들이 상징적인 이야기를 많이 만들어 기록한 것과 그들이 허풍과 과장이 심한 것은 무관하지 않을 겁니다. 하여튼, 신화 시대는 물론이고 그리스 사람들은 지금도 상징적인 기호 발명의 천재들이다 싶더라고요.

이 그림을 보세요. 지팡이 비슷한 것과 그것을 기어오르는 두 마리의 뱀을 그린 그림 168은 무엇을 나타내고 있는 것일까요? 군대에 다녀온 독자나 의학을 공부하고 있는 독자들은 금방 아실 텐데요?

우리나라 군의관들이 군복의 오른쪽 칼라에다 달고 다니는 휘장입니다. 이 휘장에서 뱀은 무엇을 상징하는 것일까요? 군의관들은 왜 이런 것을 달고 다닐까요? 뱀을 '고침'의 상징으로 삼는 데는 깊은 까닭이 있어 보입니다.

그렇다면 이 휘장은 대체 어디에서 온 것일까요? 우리나라 군대의 휘장 대부분이 미국에서 온 것이니까 이것 역시 미국에서 온 것이기 쉽지요. 그렇다면 미국은 어디에서 이런 이미지

그림 168 군의관, 즉 군대의 의사임을 나타내는 휘장.

를 빌려왔던 것일까요? 유럽이기가 쉽지요. 미국은 영국의 지배를 받기도 했고, 영국과 싸울 당시에는 프랑스의 도움을 받기도 했으니까요.

　다음의 사진들을 주목해볼 필요가 있습니다. 모두 유럽에서 찍어온 사진입니다. 이 석 장의 사진을 아우르는 점은 모두 뱀을 주제로 다루고 있다는 것입니다. 첫 번째 사진에는 '발 전문 병원 PEDICURE MEDICALE'이라는 설명이 붙어 있습니다. 병원이었군요. 두 번째 사진은 파리에 있는 어느 약국의 표지입니다. 뱀이 어째서 병원이나 약국의 표지로 등장하는지 궁금해지기 시작

그림 169 발을 전문으로 치료하는 병원의 표지.(왼쪽) 런던
그림 170 약국 표지.(가운데) 파리
그림 171 병원 표지.(오른쪽) 파리

하는군요. 세 번째 사진은 파리의 한 병원 입구에 붙어 있는 뱀의 돋을새김입니다. 우리가 흉측하게 여기어 마지않는 뱀이 이 석 장의 사진에서는 '낫움'의 상징 노릇을 하고 있군요.

뱀, 억울하다고?

아폴론은 태양신, 활의 신, 음악의 신, 의술의 신, 예언의 신 등, 여러 얼굴을 지닌 매우 복잡한 신입니다. 그는 그리스 중부 파르

그림 172 아기 아폴론과 아르테미스를 안은 채 피톤에 쫓기는 어머니 레토. 이 전설에 따르면 아폴론이 피톤을 죽인 곳은 델포이가 아니라 델로스섬입니다. 델로스섬은 아폴론 신전이 있는 곳으로 유명한데, 델포이 신전이 지어진 것은 그 뒤의 일이라고 합니다.

나소스산 기슭에 살고 있던 왕뱀 피톤을 죽임으로써 고대 도시 델포이 사람들을 공포의 도가니로부터 구출한 신이기도 합니다.

피톤은 대지의 여신이 지어낸 왕뱀이었던 것으로 알려져 있습니다. 부풀리기 좋아하는 신화 작가들은 이 왕뱀이 누우면 산자락 하나를 덮을 만큼 컸다고 기록하고 있습니다. 하지만 피톤이 살았다는 파르나소스산의 카스탈리아 샘 위의 계곡은 그렇게 큰 뱀이 살 만큼 넓지도 깊지도 않더군요. 아폴론이 이 왕뱀을 죽인 까닭에 대해서는 두 가지 설명이 있습니다. 하나는, 왕뱀이 무수한 사람을 잡아먹는, 따라서 공포의 상징이어서 죽였다는 설명, 또 하나는 아폴론과 아르테미스가 아주 어리던 시절 이 왕뱀이 어머니 레토를 따라다니면서 몹시 괴롭혔기 때문에 죽여버렸다는 설명입니다. 왕뱀 피톤을 죽인 뒤부터 아폴론은 '아폴론 피티오스(피톤을 죽인 아폴론)'라는 별명을 얻게 됩니다.

아폴론에게 왕뱀 피톤은 무엇이었을까요? 이 신화는 무엇을 말하고 있을까요? 파충류인 뱀과 포유류인 인류는 원래 사이가 좋지 못했는데, 이 왕뱀 피톤은 인류의 무의식에 남아 있던 원시 시대 파충류에 대한 공포를 상징하는 것일까요?

아폴론은 왕뱀 피톤을 죽인 것을 기념하여 '피티아 경기'를 창시합니다. 오늘날 올림픽의 원조라고 할 수 있는 '올림피아 경기'와 쌍벽을 이루던 경기였는데, 그리스의 고대 도시 델포이에는 지금도 그 경기장이 남아 있습니다. 씨름, 달음박질, 전차 경주 같은 경기에서 승리한 선수는 떡갈나무 잎으로 만든 관을 상으로 받았다고 하지요. 월계관은 고사하고 월계수조차 없던 시절의 일입니다. 월계수는 아폴론의 애인 다프네가 변신한 나무입니다. 따라서 피티아 경기가 시작된 것은 아폴론과 다프네의 연애 사건이 있기 전의 일이었던 모양입니다.

아득한 옛날 아게노르라는 사람의 딸이 행방불명이 되었습

그림 173 들라크루아의 〈피톤을 죽이는 아폴론〉. 오른쪽에 투구 쓰고 방패 들고 아폴론을
돕는 아테나 여신이 보이는군요.

니다. 딸의 이름은 에우로페입니다. 에우로페가 누구였는가 하면, 황소로 둔갑한 제우스에게 깜빡 속아 그 황소 잔등에 탔던 아름다운 처녀입니다. 황소로 둔갑한 제우스는 이 처녀를 잔등에 태운 채 온 유럽 땅을 다 헤매고 다니다 크레타에 내려놓고는 제 것으로 만들어버리지요. '유럽 Europe'이라는 지명은 바로 이 처녀의 이름 '에우로페 Europe'에서 유래합니다.

딸을 잃고 슬픔에 잠겨 있던 아게노르는 아들 카드모스를 불러 에우로페를 찾아오라고 명하고는 찾지 못하면 아예 돌아올 생각도 하지 말라는 단서까지 붙였답니다. 카드모스는 오랜 세월 누이를 찾아 헤맸지만 끝내 찾지 못합니다. 아버지의 엄명 때문에 빈손으로 귀국할 수도 없었던 카드모스는 델포이의 아폴론 신전을 찾아가 어디에 몸 붙이고 살아야 좋은지 신탁을 내려줄 것을 요청합니다.

델포이는 아폴론이 왕뱀 피톤을 죽인 곳이기도 합니다. 왕뱀 피톤에게는 '피티아'라는 아내가 있었는데요, 물론 왕뱀이었을 테지요. 아폴론은 이 '피티아'는 죽이지 않고, 여자로 변신시켜 신전의 여사제 노릇을 하게 했지요. 당시에는 신전이 없어서 카스탈리아 계곡의 동굴에서 신탁을 전했다고 하네요. 그러니까 카드모스는 바로 이 피티아로부터 아폴론의 신탁을 받은 것이

그림 174 왕뱀을 죽이는 카드모스. 고대의 접시 그림

지요. 아폴론의 신탁은 그 뜻이 애매모호하기로도 유명합니다.

"오래지 않아 들판에서 암소를 한 마리 만나게 될 것인즉 그 뒤를 따라가라. 암소가 걸음을 멈추거든 거기에다 도시를 세우고 '테바이'라고 부르라."

카드모스가 카스탈리아 계곡의 동굴에서 나오는데 마침 암소가 한 마리 어슬렁어슬렁 앞서가고 있었지요. 앞서가던 암소가 걸음을 멈춘 곳, 카드모스는 거기에다 도시 국가를 건설해야 합니다. 카드모스는 그 자리에다 제단을 만들고 신들에게 제사를 드리려고 부하에게 정한수를 떠 오게 합니다.

아직 어떤 나무도 도끼를 맞아 그 신성을 훼손당한 적이 없는 오래된 숲속에는 맑은 물이 솟아오르는 샘이 있었답니다. 그러나 머리는 황금빛 비늘로 덮여 있고 눈은 불길처럼 빛나는 뱀 한 마리가 샘을 지키고 있습니다. 카드모스의 부하는 이 뱀에게 물려 죽고 말지요.

카드모스는 부하를 기다렸지만 한낮이 되어도 돌아오지 않자 몸소 찾으러 나섭니다. 그에게는 사자가죽을 붙인 방패가 있고, 갑옷이 있고, 투창이 있습니다. 하지만 그가 가진 가장 믿음직한 무기는 그의 용기였지요. 카드모스는 기어이 그 왕뱀을 쓰러뜨립니다.

카드모스가 세운 나라가 테바이입니다. 그런데 이 테바이는 뒷날 몇 차례 쑥대밭이 되지요. 아버지를 죽이고 어머니와 동침해서 자식을 낳은 패륜아 오이디푸스가 바로 그 테바이의 왕이었지요.

헤라클레스는 제우스와 인간 세상의 여성 알크메네 사이에서 태어난 아들입니다. 제우스의 아내인, 질투 많기로 소문난 여신 헤라가 헤라클레스를 그대로 내버려두지 않았을 테지요. 헤라는 이 제우스의 사생아를 죽이기 위해, 태어난 지 아흐레

밖에 안 되는 아기 헤라클레스에게 뱀 두 마리를 보냅니다. 제
우스의 아들인데 여부가 있었겠어요? 헤라클레스는 단숨에 이
두 마리의 뱀을 죽여버립니다.

　헤라클레스의 뱀 죽이기는 여기에서 끝나지 않습니다. 그는
머리가 아홉 개인 물뱀 히드라를 죽인 것으로 유명한 영웅입니
다. 헤라클레스가 이 물뱀을 죽이러 레르네로 갔을 때 한 농부
가 이런 말을 합니다.

　"히드라가 일어서면 그 모습이 흡사 하늘을 향해 폭발하는
용암과 같습니다. 아홉 개나 되는 머리를 일시에 쳐들었다고

그림 176 구스타프 모로가 그린 〈헤라클레스와 히드라〉.

뱀, 아무래도 너무 길다

생각해보십시오. 저희 같은 농투사니들은 히드라의 숨결만 닿아도 그 자리에서 즉사합니다. 벌써 수많은 사람들이 히드라의 숨결에 닿아 저승 땅으로 내려갔지요. 히드라는 인간을 저승으로 보내기도 하고, 인간이 저승에서 살아 나오지 못하도록 그 입구인 레르네 샘을 지키기도 한답니다. 게다가 히드라의 대가리는 하나를 자르면 둘이 나온다고 합니다."

헤라클레스는 이미 수레 한 대, 활과 화살통, 농부들이 귀리 벨 때 쓰는 긴 낫, 그리고 잘 마른 나무를 길게 단으로 묶은 횃불을 준비한 뒤 기다리고 있다가, 자루가 한 길이 넘는 낫을 들어 앞으로 나서는 히드라의 배암 대가리 하나를 잘랐다는군요. 농부의 말 그대로 잘린 자리에서 두 개의 배암 대가리가 솟아났지요. 헤라클레스가 배암 대가리를 하나씩 자를 때마다 조카 이올라오스가 횃불의 불길로 그 자른 자리를 지졌다지요. 불길 먹은 자리에서는 과연 다른 배암 대가리가 돋아나지 못했다지요.

황금양의 모피, 즉 금양모피를 되찾으러 콜키스 땅으로 갔던 영웅 이아손도 용, 혹은 거대한 도마뱀을 죽입니다. 이 용은 콜키스 사람들이 '거룩한 숲'이라고 부르던 '아레스의 숲'에서 살고 있었다는군요. 아레스라면 전쟁신 아닙니까. 따라서 '전쟁신의 숲'이었던 것이지요. 그러니까 용은 금양모피의 지킴이인 것입

그림 177 용, 혹은 거대한 도마뱀을 죽이고 황금양의 모피를 거두는 이아손.

니다. 이아손은 이 지킴이를 죽이고 금양모피를 차지하지요.

보물이 있다. 그런데 무시무시한 괴물이 그 보물을 지키고 있다. 주인공은 그 괴물과 싸워 이기지 않으면 보물을 차지할 수 없다……, 옛 이야기를 토대로 해서 만든 영화에서 많이 보던 장면입니다. 괴물의 마력은 그 보물을 차지할 영웅이 지닌 역량의 시험대 같은 것이지요. 영웅의 역량이 괴물의 마력을 능가하지 못한다면 영웅은 그 보물을 차지하지 못합니다. 괴물이 지키지 않는 보물은 이 세상에 존재하지 않습니다.

뱀, 아무래도 너무 길다

영웅이 어린 시절, 혹은 장성한 뒤에 거대한 뱀이나 용을 죽인다는 줄거리는 세계 어느 나라 이야기에도 등장하는 매우 흔한 모티프입니다. 하지만 예수 그리스도가 뱀을 죽였다는 이야기는 성서에 등장하지 않습니다. 그런데도 우리는 아기 예수를 그린 카라바조의 그림에서 낯익은 풍경을 봅니다. 어머니 마리아의 도움을 받아 아기 예수 그리스도가 뱀을 밟아 죽이는 이 광경은 카라바조가 아무래도 생후 아흐레 만에 뱀을 죽인 헤라클레스 이야기에서 영감을 받고 그린 것인 듯합니다. 카라바조는 아기 예수가 뱀을 밟아 죽였다는 사실을 전하기보다는 '악의 정복자'로서의 그리스도의 모습을 상징적으로 보여주고 있는 것 같지 않은가요?

뱀이 세계의 중심이라니?

똬리를 틀고 머리를 치켜든 뱀을 본 적이 있겠지요? 뱀이 먹이를 공격할 때 자주 취하는 동작입니다. 똬리로 소용돌이무늬를 그리고 있는 뱀의 몸은 겉보기에 수면의 물무늬처럼 고요할 뿐 사실은 팽팽하게 긴장해 있습니다. 먹이를 공격하는 결정적인

그림 178 **카라바조의 〈뱀의 성모〉.**

뱀, 아무래도 너무 길다

순간, 그러니까 뱀이 입을 벌리면서 먹이를 향하여 전광석화같이 머리를 내미는 순간 똬리는 순식간에 풀립니다. 그러니까 뱀이 먹이를 향하여 전광석화같이 날아드는 폭발적인 힘은 사실은 수면처럼 고요해 보이던 그 똬리에 있었던 것이지요. 똬리는 말하자면 용수철 같은 것입니다. 고요한 중심을 지어내고 있던 그 소용돌이꼴 똬리는 사실 무서운 역동성을 내장하고 있었던 것이지요.

뱀에게는 '영물靈物'이라는 또 하나의 얼굴이 있습니다. 지상과 지하를 마음대로 드나드는 뱀의 속성이 이런 또 하나의 얼굴을 빚은 것 같습니다. 만일에 이 세상에 지상과 지하 출입을 자유자재로 하는 인간이 있다면 그는 예사 인물이 아닐 테지요.

그리스 신화는 아티카의 거룩한 왕 케크롭스가 머리는 사람이되 몸은 뱀의 몸인 인두사신人頭蛇身의 반인半人이었던 것으로 기록하고 있습니다. 아티카는 뒤에 그리스의 중심 국가 아테나이로 바뀝니다. 그러니까 그리스인들은 저희들 나라의 선조를 인두사신으로 그리고 있는 것이지요.

아테네의 아크로폴리스에 서 있는 가장 중요한 구조물은 아테나 여신의 신전 '파르테논'입니다. 파르테논은 '처녀의 집', 그러니까 '처녀신 아테나의 신전'이라는 뜻입니다. 파르테논

그림 179 고대의 아테나 여신전 박공을 장식하고 있던 석상. 머리가 셋인 '다이몬'은 신들과 인간 사이에 존재하는 수호신입니다. 보세요, 몸이 뱀으로 되어 있지요.

앞에도 중요한 구조물이 서 있습니다. 바로 '에리크테이온'입니다. 에리크테이온은 '에리크토니오스의 사당'이라는 뜻입니다. 에리크토니오스가 이 땅에 태어나는 경위가 좀 엉뚱합니다.

못생긴 신으로 유명한 대장장이 신 헤파이스토스가 아름다운 아테나 여신을 짝사랑했던 모양입니다. 얼뜨기 헤파이스토스, 여신을 짝사랑하는 것으로 만족하지 비겁하게 뒤에서 겁탈할 일인가요? 헤파이스토스가 뒤에서 열을 내려는데 아테나 여신이 몸을 돌려버렸지요. 헤파이스토스는 바로 그 순간에 정액을 쏜 것이고요. 그러니 어떻게 되었겠어요? 아테나 여신의 옷자락에 정액이 묻고 말았지요. 여신은 에이, 재수 없어, 이런 기분으로 바닥에 떨어져 있던 양털로 정액을 닦고 정액 묻은 양털을 땅바닥에 버렸지요. 대지의 여신이 그 정액을 아깝게 여겨 아기를 지어내니 이 아기 이름이 바로 '에리크토니오스', '에리스(양털)'와 '크톤(대지)'의 합성어입니다. 그런데 바로 에리크토니오스도 인두사신이었다는군요? 아테나 여신이 이 아기를 상자에 넣어 케크롭스의 딸들에게 맡기면서 당부하지요. 절대로 상자를 열어보아서는 안 된다고요. 하지만 이런 금기禁忌는 깨어지기 위해서 존재하는 것, 케크롭스의 딸들은 상자를 열어보고는 몸이 뱀으로 되어 있는 에리크토니오스의 모습에 질겁, 그만 발광하고 말지요.

아폴론이 왕뱀 피톤을 죽인 곳은 델포이입니다. 아직도 찬란한 인류의 문화유산으로 남아 있는 고대 도시의 이름 '델포이'는 '자궁'이라는 뜻이라는군요. 자궁이라면, 여성의 신체 가운데 가장 중요한 부위, 곧 중심이 아닌가요? 아폴론이 '중심의 상징'일 수도 있는 왕뱀을 죽인 곳이 '세계의 자궁', '세계의 중심'이 된 셈입니다. 아폴론은 유명한 건축가 트로포니오스에게 델포이에다 아폴론 신전을 짓게 하는데 이 신전의 기둥은 아직도 델포이에 남아 있습니다.

델포이 박물관에는 높이가 1미터 조금 넘고, 표면이 정체 불명의 돋을새김으로 장식된 원추형 바위가 있습니다. 그리스인들은 이 바위를 '옴팔로스'라고 부릅니다. 옴팔로스는 '배꼽'이라는 뜻입니다. 배꼽의 상징성은 더 설명할 필요도 없겠지요? 우리 몸의 중심에 위치해 있는 이 배꼽은 우리의 몸과 어머니의 몸을 연결하는 탯줄이 붙어 있던 자리이기도 합니다. 그렇다면 '옴팔로스'는 무엇이겠어요?

공포의 대상, 인간의 의식에 묻어 있던 어둠의 상징이던 뱀의 이미지가 어느 틈에 거룩한 덕성의 상징, 중심의 상징으로

그림 181 중국의 전설적인 황제 복희와 그의 누이이자 아내인 여와. 복희는 그리스의 케크롭스가 그랬듯이 그 베푼 덕이 해와 달 같았다고 전해집니다. 케크롭스가 그렇듯이 복희와 여와 역시 허리 아래로는 뱀이군요.(왼쪽)

그림 182 뱀의 정복자 아폴론은 왕뱀 피톤을 정복한 기념으로 델포이에다 서로의 몸을 감고 오르는 뱀 세 마리를 청동으로 빚어 세우게 했습니다. 원래 델포이에 있던 이 청동상이 지금은 터키의 수도 이스탄불에 있습니다.(오른쪽)

296 × 297

그림 183 이아손이 금양모피를 내리고 있습니다. 금양모피가 걸려 있던 나무를 뱀이 감고 있습니다. 그렇다면 금양모피가 걸려 있던 나무는 세계의 중심에 있는 '세계수', 즉 세계를 상징하는 나무였던 셈입니다.(위)

그림 184 고대의 석관에 그려진 알렉산드로스 대왕(알렉산드로스 대왕의 석관은 아닙니다). 알렉산드로스 왼쪽에도 뱀이 감고 오르는 나무가 서 있습니다. 알렉산드로스에게는 이보다 더한 칭송이 없겠군요.(아래)

뱀, 아무래도 너무 길다

그림 185 '헤스페리데스의 뜰'은 세계의 서쪽 끝에 있습니다. 델포이가 세계의 중심이면, 정반대쪽 헤스페리데스의 뜰 또한 세계의 중심이지요. 프레드릭 레이튼의 〈헤스페리데스의 정원〉.

그림 186 라파엘로가 그린 〈아담과 이브〉. 이 그림에도 의인화한 뱀이 몸통으로 나무를 감고 있습니다. 에덴의 동산 역시 '세계의 중심'이었던 셈입니다.

바뀌어 있습니다. 하지만 '중심의 상징'은 뱀이 지닌 여러 얼굴 중의 하나에 지나지 않습니다. 뱀의 진정한 상징성은, 상승과 하강, 파괴와 재생의 이미지를 검토해야 조금씩 드러날 것입니다. '뱀' 이야기는 아직 끝나지 않았습니다.

chapter 10

뱀, 음양을 만나게 하다

천의 얼굴을 가진 뱀 이야기

……어느 날 올림푸스 신들의 아버지 제우스는 넥타르(불로불사주)를 갑신하게 마시고 아내인 헤라 여신과 노닥거리며 농담을 했다.

"사랑으로 득을 보는 것은 남성이 아니라 여성일 게요. 여성 쪽에서 보는 재미가 나을 테니까."

제우스의 희롱에 헤라는 그렇지 않다고 말했다. 이 부부는 남자라커니 여자라커니 토닥거리다가 결국 남자와 여자, 즉 양성으로 사랑을 경험했다는 테이레시아스에게 물어보기로 의견을 모았다.

테이레시아스라는 사람이 양성을 경험한 내력은 이렇다.

어느 날 산길을 가던 테이레시아스는 굵은 뱀 두 마리가 사랑을 나누고 있는 것을 보고는 별생각 없이 지팡이로 때려주었다. 남성이 던 테이레시아스는 이때부터 여성이 되어 7년 동안을 여성으로 살 았다. 8년째 되던 해의 어느 날, 똑같은 뱀이 또 뒤엉켜 있는 것을 본 여성 테이레시아스는 내심 이렇게 생각했다.

'너희들에게, 때린 사람의 성을 바꾸는 기특한 권능이 있는 모양이 니 내 다시 한번 때려줄 수밖에……..'

테이레시아스는 뱀을 또 한 차례 때리고는 본래의 성, 그러니까 남 성으로 되돌아올 수 있었다.

테이레시아스는 제우스와 헤라 부부의 다분히 장난기가 있는 논쟁 을 평론할 입장에 몰리자 남성의 편을 들어 제우스 쪽이 옳다고 말 했다. 그러자 헤라는 별것이 아닌 이 일에 불같이 화를 내며 테이레 시아스를 장님으로 만들어버렸다. 참으로 염치가 없어진 것은 제 우스였다. 그러나 신들의 세계에서 한 신이 매긴 죗값을 다른 신이 벗길 수는 없다. 그래서 제우스는 자기 때문에 보는 능력을 빼앗긴 테이레시아스에게 대신 미래를 예견할 수 있는 마음의 눈을 주었 다…….

1세기의 로마 작가 오비디우스의 『변신 이야기』에 나오는 '테이레시아스가 점쟁이가 된 내력'입니다.

뱀, 음양을 만나게 하다

그림 187 예언자 테이레시아스는 그리스 신화를 종횡무진으로 누비는 예언자입니다. 그는 죽은 다음에도, 저승으로 찾아내려간 오디세우스에게 예언을 들려주었을 정돕니다. 앉은 이가 테이레시아스입니다. 고대 그리스의 접시 그림.

우리는 이미 한 차례 뱀의 상징성을 검토한 바 있지요? 공포의 대상, 인간의 의식에 묻어 있는 어둠의 상징이던 뱀의 이미지가 중심의 상징으로 바뀌어가는 것을 추적하면서 뱀의 진정한 상징성은 상승과 하강, 파괴와 재생의 이미지를 검토해야 조금씩 드러날 것이라고 썼던 것을 독자들은 기억할 것입니다. 그런데 상승과 하강, 파괴와 재생의 상징성을 검토하려는데 난데없이 뱀과 예언 사이에 밀접한 관계가 있는 듯한 얘기가 등장하네요. '뱀'과 '예언하는 능력', 이 두 가지 사이에 무슨 관계가 있기는 있는 것일까요?

뱀과 예언하는 능력 사이에 어떤 관계가 있다고 암시하는 신화는 테이레시아스 이야기뿐만이 아닙니다. 『벌핀치의 그리스 로마 신화』에 나오는 멜람포스 얘기를 읽어볼까요?

　멜람포스는 예언하는 능력을 얻은 최초의 인간이었다.
　멜람포스의 집 앞에는 참나무가 한 그루 있었는데 그 둥치 속에는 뱀의 보금자리가 있었다. 멜람포스의 하인들이 어미 뱀을 잡아 죽이자 멜람포스는 새끼들을 가엾게 여겨 정성스럽게 길러주었다. 어느 날 그가 참나무 아래서 잠을 자고 있을 동안 뱀들이 혀로 그의 귀를 핥았다. 번쩍 눈을 뜬 그는 몹시 놀랐다. 새는 물론이고 땅 위를 기는 벌레들의 언어까지 알아들을 수 있게 되었기 때문이다. 그는 이 덕분에 미래의 일을 예언할 수 있게 되어 유명한 예언자 노릇을 했다.
　언젠가 멜람포스의 원수가 그를 잡아 아주 튼튼한 옥에다 가둔 일이 있다. 멜람포스는 밤중 고요한 시각에 벌레들이 주고받는 얘기를 들었다. 벌레들이 주고받는 얘기는, 우리가 서까래를 다 파먹어 지붕이 곧 내려앉을 테니 어서 다른 곳으로 옮기자, 이런 내용이었다.
　멜람포스는 자기를 가둔 자들에게 이 사실을 알리고는 어서 꺼내달라고 하는 한편 그들에게도 피난하라고 권했다. 그들은 이 말을 좇아 큰 화를 면하자, 멜람포스에게 후사하고 깊이 존경하여 마지않았다.

그리스 신화가 뱀과 예언하는 능력 사이에 모종의 관계가 있음을 암시하고 있는 이야기는 여기에 그치지 않습니다. 멜람포스의 자손 중에는 폴뤼이도스라는 예언자가 있었는데요, 영국의 옥스퍼드 대학이 펴낸 『고전 신화 사전 Who's Who in the Classical Mythology』의 '폴뤼이도스' 항목은 그를 이렇게 그리고 있습니다.

크레타섬의 왕 미노스의 아들 글라우코스가 죽었다. 미노스 왕은 예언자로 이름을 떨치던 폴뤼이도스를 불러 죽은 아들과 한 동굴에 가두고는 아들을 살려내라고 명령했다. 폴뤼이도스로서는 난감하지 않을 수 없었다. 그런데 뱀 한 마리가 글라우코스의 시체에 접근했다. 폴뤼이도스는 왕자의 시체에 접근하는 뱀을 죽여버렸다. 그런데 조금 있으니 또 한 마리의 뱀이 약초를 물고 들어와 죽은 뱀의 시체를 비볐다. 그러자 죽었던 뱀이 살아났다. 두 마리의 뱀은 동굴을 빠져나갔다. 폴뤼이도스는 혹시나 해서, 뱀이 물고 들어와 죽은 뱀을 비비던 그 약초를 주워 글라우코스의 시체를 비벼보았다. 글라우코스는 되살아났다.

그림 188 **티치아노의 〈오르페우스와 에우리디케〉.**

뱀, 음양을 만나게 하다

아폴론이 왕뱀 피톤을 죽인 것을 기억하지요? 헤라클레스가 태어난 지 아흐레 만에 두 마리의 뱀을 죽인 일, 장성해서는 머리가 아홉 개나 되는 물뱀 히드라를 죽인 일도 기억하지요? 테바이의 시조 카드모스도, 아르고스 원정대의 영웅 이아손도 무슨 유행처럼 뱀을 죽이던 일을 기억하지요? 이들이 죽인 뱀은 인류의 무의식에 묻어 있는 파충류에 대한 공포, 혹은 인간이 무의식 속에 지니고 있는 어두운 측면을 상징하는 것 같습니다.

뱀은 죽음과 밀접한 관계가 있어 보입니다. 신혼부부였던 오르페우스와 에우리디케의 비극은 한 마리의 뱀으로부터 시작됩니다. 신부 에우리디케가 뱀에 발뒤꿈치를 물려 죽자(저승으로 내려가자) 희대의 명가수였던 신랑 오르페우스가 신부를 찾아 저승으로 내려가지요. 그는 저승왕 하데스 부부 앞에서 노래를 부르지요. 노랫말은 물론 신부를 되돌려달라는 뜻을 그 내용으로 했을 것이고요. 저승왕도 마침내 그 노래에 감동해서 신부를 데리고 인간 세상으로 가라고 했지요. 데리고 가되, 인간 세상에 다 당도하기까지는 절대로 아내를 돌아다보아서는 안 된다고 하지요. 신화에서 '돌아보아서는 안 된다' 따위의 금기는 제대로 지켜지는 법이 없지요. 금기는 깨지기 위해서 존재하는 것이니까요. 오르페우스가 아내를 보고 싶다는 욕망을 마침내 참아내지 못하고 뒤를 돌아다보자 에우리디케는 다시 저승 땅으로 떨어지지요. 이것이 오르페우스와 에우리디케의 비극입니다. 뱀이 죽음의 직접적인 원인 제공자로 나오는 이야기는 신화에 얼마든지 있습니다. 또 하나의 대표적인 이야기가 '라오코온 이야기'이겠군요. 트로이아 전쟁 때의 일입니다. 꾀돌이 장군 오디세우스가 만든 거대한 '트로이아 목마'를 둘러싸고 트로이아 사람들 사이에 한바탕 논쟁이 벌어지지요. 트로이아 성으로 들여놓아야 한다, 들여놓아서는 안 된다. 이 두 가지 주장이 팽팽하게 대립되고 있을 때, 라오코온이라는 성직자는 목마는 그리스 군의 흉계니 태워버려야 한다고 주장하다가 두 아들과 함께 아폴론이 보낸 거대한 뱀에게 죽임을 당하지요. 이것이 바로 저 유명한 조각품 〈라오코온〉의 소재가 된 유명한 사건입니다.

뱀이 죽음의 상징인 것은 어느 정도 분명해 보입니다. 하지만 우리는 아폴론이 태양의 신이자 예언의 신이라는 것을 기억해야 합니다. 아폴론이 태양의 신이라는 것은, 그가 지닌 어두운 곳을 밝히는 속성을 상징합니다. 그가 왕뱀 피톤을 죽였다는 사실은 인간의 의식에 묻어 있는 어둠에 빛을 비추었다는 뜻일 수 있습니다. 그런데 그는 예언의 신이기도 합니다. 그가

그림 189 저승왕 하데스 앞에서,
아내 에우리디케를 돌려달라는
노랫말로 노래를 부르는 희대의
명가수 오르페우스. 장 레스토의
그림.

예언의 신이었다는 것은, 그가 지닌, 암흑과 같은 미래, 미지의
세계를 밝히는 속성을 상징합니다. 예언이란 '미리 알고 말하
기'입니다. 곧 미지의 어둠을 '앎'으로써 밝혀내는 행위입니다.
그러니까 아폴론이 맡은 태양의 신 직분과 예언의 신 직분은
둘이 아니라 하나인 것이지요. 아폴론이 왕뱀 피톤을 죽인 다
음, 피톤의 아내인 피티아를 인간으로 변신시켜 델포이에 있던
자기 신전에 들어앉힌 까닭이 여기에 있습니다. 우리가 간과하
지 말아야 하는 것은, 피티아가 비록 인간의 모습을 하고 있기
는 하지만 원래 왕뱀 피톤의 아내, 결국 같은 뱀이었다는 점입

그림 190 **라오코온과 두 아들을 감아 죽이는 아폴론의 뱀.** 로마, 바티칸 박물관

뱀, 음양을 만나게 하다

니다. 피티아가 아폴론 신전에서 어떤 역할을 맡았지요? 아폴론의 신탁을 전해주는 여사제 노릇을 했습니다. '신탁^{Oracle}'은 '아폴론 신이 맡겨놓은 예언'이라는 뜻입니다. 곧 아폴론의 뜻인 것이지요.

모르기는 하지만 고대 그리스인들은 뱀 앞에서 여러 차례 고개를 갸웃거렸을 법합니다. 뱀이 먹이를 잡는 것을 보거나 독사가 사람을 물어 죽이는 것을 보고는, 아하, 뱀은 죽음이다, 이렇게 생각했을 법합니다. 뱀은 똬리를 트는 유일한 동물입니다. 똬리를 틀고 있는 뱀을 가만히 보고 있으면 뱀이 제 몸으로 세계의 중심을 그려 보이는 것 같기도 하지요. 아폴론이 죽인 피톤의 아내 피티아가 델포이의 아폴론 신전에서 무녀 노릇 하는 것도 우연한 일이 아닐 것입니다. 뱀이 세계의 중심에 서 있는 나무를 감고 오르는 이미지 또한 뱀의 똬리에서 연상된 것이기가 쉽습니다.

그런데 뱀은 가을에는 동면에 들어갑니다. 겨울이 오면 우리는 뱀을 볼 수가 없습니다. 고대의 그리스인들은 겨울이면 사라져버리는 뱀에게서 저승 이미지를 떠올렸을 법합니다. 저승왕 하데스의 아내가 누구입니까? 페르세포네입니다. 페르세포네는 1년의 반은 저승왕 옆에 있어야 하고 그 나머지만 어머니인 대지의 여신 데메테르와 함께 지낼 수 있습니다. 이러한 데메테르의 운명은 씨앗의 운명을 상징한다고 하지요.

올림푸스의 신들 중에서 천상에 있는 제우스와 저승에 있는 하데스를 언제든지 만날 수 있는 신은 헤르메스뿐입니다. 그리스 신화에는 저승을 다녀온 인간 혹은 영웅이 여럿 있습니다. 오르페우스도 그중의 하나이고요. 오르페우스는 혼자 저승을 다녀온 것이 아닙니다. 헤르메스의 안내를 받지 않고는 어느 누구도 저승에 갈 수 없습니다. 헤르메스는 제우스의 아들이자 심부름꾼(전령)입니다. 그래서 전령신이라고 불리지요. 헤르메스는

날개 달린 신발을 신고 있습니다. 투구에도 날개가 달려 있습니다. 바로 이 날개 덕분에 헤르메스는 어마어마하게 빠른 속도로 천상과 저승을 오르내릴 수 있습니다. 헤르메스가 들고 있는 최면장, 즉 잠재우는 지팡이 위에는 독수리가 앉아 있습니다. 이것은 헤르메스가 지닌, 천상으로 오르는 능력을 상징합니다. 이 지팡이를 두 마리의 뱀이 기어오르고 있지요? 이 두 마리의 뱀은 헤르메스가 지닌, 저승으로 내려가는 능력을 상징합니다.

　뱀은 봄이 되면 다시 나타납니다. 흡사 죽었다가 다시 살아난 것처럼 산야를 누비고 다닙니다. 게다가 뱀은 허물을 벗습

그림 193 **전령신의 지팡이를 든 헤르메스.** 피렌체 국립 박물관

뱀, 음양을 만나게 하다

니다. 겨울 잠자기와 허물 벗기가 또 그리스인들의 상상력에다 불을 질렀을 것입니다. 이윽고 뱀은 재생과 순환의 상징으로 거듭납니다.

뱀의 정복자이자, 암뱀 피티아를 무녀로 고용하고 있는 아폴론은 태양의 신이자 예언의 신입니다. 하지만 아폴론이 의술의 신을 겸하고 있다는 사실 또한 잊어서는 안 됩니다. 그리스인들은 뱀을 지상과 지하 사이에 존재하는 것으로 믿었듯이 의사를 삶과 죽음 사이에 위치하는 존재라고 믿었음에 분명합니다. 아폴론의 아들 아스클레피오스가 자라나자 의술의 신의 직분은 아폴론에게서 그 아들 아스클레피오스에게로 전해지는데요, 이 아들 아스클레피오스 역시 삶과 죽음을 넘나드는 중간자中間子의 면모를 유감 없이 과시합니다.

아스클레피오스는 아폴론과 테살리아 처녀 코로니스 사이에서 태어난 아들인데, 탄생과 죽음의 순간순간이 매우 드라마틱합니다. 아폴론은 인간 세상의 처녀 코로니스에게 아기를 배게 한 뒤, 올림푸스의 일이 바빴던지, 백설같이 흰 까마귀 한 마리를 남겨두고 올림푸스로 올라오지요.

그런데 어느 날 그 흰 까마귀가 올림푸스까지 날아올라와 아폴론에게 놀라운 소식을 전합니다. 코로니스가, 아폴론의 자식

까지 가진 주제에 외간 남자와 밀통한다는 것입니다. 이 소식을 들은 아폴론은 활을 벗어 시위에다 화살을 먹여 테살리아 쪽을 겨누고 시위를 놓습니다. 궁술의 신이기도 한 아폴론의 화살은 한 치 빗나감이 없이 날아가 코로니스의 가슴에 박히지요. 원래 사랑 싸움에서는 승리자의 가슴이 더 아픈 법이지요. 사랑하는 코로니스를 죽게 한 아폴론은 후회와 슬픔과 울화를 혼자 이기지 못하고 애꿎은 까마귀만 원망하다가 마침내 까마귀를 저주, 하얗던 깃털을 까맣게 만들어버리지요.

그런데 애인 코로니스를 죽이고 나서야 아폴론은 코로니스

그림 195 날개 달린 뱀이 끄는 수레를 타고 다니며 인류에게 농사를 가르치는 트리프톨레모스. 트리프톨레모스는 대지 및 곡식의 여신 데메테르의 제자입니다. 왜 하필이면 날개 달린 뱀이 끄는 수레일까요?(위)

그림 196 술을 뿌리는 태양의 신, 예언의 신 아폴론. 앞에 아폴론의 새 까마귀가 앉아 있네요. 가장 어두운 까마귀가 어떻게 가장 밝은 태양신의 신조神鳥가 될 수 있었을까요?(아래)

의 배 속에서 자기 아들이 자라고 있다는 데 생각이 미쳤어요. 그래서 허둥지둥 테살리아로 내려갑니다. 화장은 이미 시작된 지가 오래였지요. 아폴론은 황급히 그 불길 속으로 뛰어들어 코로니스의 까맣게 그을은 시신을 거두어 배를 가르고 자식을 꺼내니, 이 아기가 바로 아스클레피오스입니다. 그러니까 아스클레피오스가 한 탄생의 경험부터가 단순한 탄생의 경험이 아니라 '죽음과 삶'의 겹경험인 것이지요.

병원과 의술 학교를 겸하는 아스클레피오스 신전에서는 사제들이 독이 없는 흙빛 뱀을 많이 길렀다고 전해집니다. 사제들이 이 뱀을 아스클레피오스의 사자로 보았던 까닭이지요. 의성, 즉 거룩한 의사로 일컬어지는 히포크라테스도 기후와 경승이 뛰어난 코스섬의 아스클레피오스 의술 학교가 배출한 명의입니다.

의술을 상징하는 표지인 의신장醫神杖, 즉 의신 아스클레피오스의 지팡이는 언뜻 보면 헤르메스의 최면장, 즉 잠재우는 지팡이와 아주 비슷합니다. 둘 다 천상과 지하의 상징을 아우르고 있기 때문입니다. 하지만 의미는 다르지요. 헤르메스는 죽은 사람의 영혼을 저승으로 데려가는 신입니다. 하지만 아스클레피오스는 죽어가는 사람, 곧 저승으로 내려가려는 사람의 영

그림 197 의술의 신 아스클레피오스. 지팡이를 뱀이 감고
오르고 있네요. 로마, 바티칸 박물관

그림 198 고대 그리스인들의 세계관과 시간관을 보여주는 유서 깊은 상징 '아우로보로스
(제 꼬리를 문 뱀)'. '아우로보로스'는 세계와 시간이 끊임없이 처음을 향해 순환한다는 믿음
을 반영하고 있는 것 같습니다.(왼쪽)
그림 199 중국의 창조신 복희씨가 음양의 순환을 그린 태극 그림을 들고 있네요. 태극을 가
만히 들여다보고 있으면 두 마리의 뱀이 끊임없이 순환하고 있다는 인상을 받지요.(오른쪽)

혼을 이승으로 다시 데리고 올라오는 의술의 신인 것이지요.

하지만 파괴와 창조, 죽음과 재생, 상승과 하강만으로 뱀을
다 설명할 수는 없는 일입니다. 그래서 그리스인들이 창안한
개념이 '아우로보로스', 즉 '제 꼬리를 물고 있는 뱀'입니다. 삶
을 거대한 순환 구조로 본 것이지요. '제 꼬리를 물고 있는 뱀'
은 음양이 서로 맞물고 도는 '태극'을 연상시킵니다.

뱀, 음양을 만나게 하다

chapter 11

사랑은 눈물의 씨앗

그림 200 **아프로디테의 석상.** 로마 국립 박물관

그림 201 **아프로디테의 석상의 뒷모습.**

이탈리아의 수도 로마에 있는 '로마 국립 박물관 Museo Nazionale Romano'은 '테르메 박물관 Museo delle Terme'이라고 불리기도 합니다. 바로 이 '테르메 박물관'에서 내가 만난, 아찔하게 아름다운 대리석상 이야기로 또 신화를 한번 거꾸로 읽어보기로 하지요.

보세요. 굉장히 풍만한 미인의 대리석상 같지요? 하지만 머리와 팔이 떨어져나가 버려서 도대체 누구의 대리석상인지, 짐작해낼 도리가 없습니다. 머리가 붙어 있어도 마찬가지일 터입니다. 신들이나 여신들에게 표준 영정影幀, 쉽게 말하자면 증명사진 같은 것이 있는 것도 아니어서, 대리석상의 주인공을 알아내기는 여간 어려운 일이 아닙니다.

하지만 방법이 전혀 없는 것은 아니지요. 신들의 대리석상을 빚는 조각가나 신들의 모습을 그리는 화가들은 조상彫像이나 그림에, 거의 반드시라고 해도 좋을 정도로, 모델이 누구인지를 설명하는 상징적인 장식을 덧붙입니다. 이 상징물을 미술사에서는 '어트리뷰트 attribute'라고 부른다는군요. 소지한 자의 신분을 짐작할 수 있게 하는 일종의 부속물인 셈입니다. 고대 그리스의 경우, 아예 친절하게 이름을 쓰기도 했지요. 이름을 쓰든 장식을 덧붙이든, 주인공이 누구인지를 설명하는 실마리 혹은 단서는 있기 마련입니다.

하지만 이 여신의 경우, 이 사진만으로는 누구인지 짐작하기가 쉽지 않군요.

자, 이번에는 이 대리석상을 뒤에서 한번 바라볼까요?

보세요. 대리석상의 엉덩이 선이 굉장히 아름답지요? 아름답기로 유명한 이 여신이 누구일까요? '엉덩이가 아름다운 여신'이 누구일까요? 젖가슴이 아름답기로 유명해서, 우리나라에서는 브래지어의 상표명 '비너스 브라자(브래지어)'에도 등장하는 이 여신은 누구일까요?

다음의 두 대리석상은, 젖가슴이 아름답기로 유명한 어떤 여신의 모습을 새긴 것입니다. 아깝게도 하나는 머리의 일부분이, 또 하나는 머리가 통째 훼손되고 말았습니다.

이 여신의 석상이 유난히 많이 훼손된 데는 까닭이 있습니다. 너무 아름답기 때문이지요. 너무 아름다워서 때로는 부도덕하게 느껴질 수도 있기 때문이지요. 윤리적인 종교인 기독교에 의해 가장 많이 훼손된 것이 바로 이 여신의 석상, 이 여신의 신전이랍니다. 이 여신이 누구일까요?

그림 204가 좋은 힌트가 될 수 있겠네요. 〈아프로디테 칼리

그림 202 웅크리고 앉은 아프로디테. 그리스 원본의 로마 시대 복제품.
그림 203 키레네에서 출토된 아프로디테의 대리석상.

사랑은 눈물의 씨앗

그림 204 〈아프로디테 칼리피게스〉. 기원전 5세기에 제작된 그리스 원본의 로마 시대 복제품.

피게스^{Aphrodite Callipyges})라고 불리는 대리석상입니다. '아프로디테 칼리피게스'는 '엉덩이가 아름다운 아프로디테'라는 뜻입니다.

하지만 엉덩이가 아름답다고 해서 그림 200의 여신을 아프로디테로 규정할 수는 없는 일이지요. 또 하나의 구체적인 증거가 있어야 할 터입니다. 그림 201을 잘 보세요. 아름다운 여성의 허리에 고사리 손이 하나 붙어 있습니다. 아기의 손입니다. 이 아기는 누구일까요? 아기를 하나 데리고 다니는 것으로 유명한 여신 혹은 여인이 누구일까요?

독자들이 지금 이탈리아의 로마 국립 박물관에 와 있다고 가정해봅시다. 독자들이 다른 대리석상도 아닌 바로 그림 200 앞에 서 있다고 가정해봅시다. 나는 독자들도 자신에게 의문을 제기하고, 답을 찾는 노력을 기울일 수 있기를, 차가운 대리석상에 말을 걸 수 있게 되기를, 차가운 대리석상이 무수한 상징을 동원하여 우리에게 거는 말을 알아들을 수 있게 되기를 바랍니다.

아프로디테와 에로스

대리석상의 주인공은 아름다움과 애욕의 여신 아프로디테입니다. 로마 신화에서는 '베누스^{Venus}'라고 불리지요. 영어에서는 로마식을 좇아 '비너스^{Venus}'라고 합니다.

아프로디테의 허리에 대고 있는 고사리 손의 주인공은 사랑의 꼬마 신 에로스입니다. 로마 신화에서는 '쿠피도^{Cupido}'라고 불리지요. 영어에서는 로마식을 좇지만 발음은 조금 다르게 '큐피드^{Cupid}'라고 합니다.

아프로디테는 아름다움과 애욕의 여신입니다. '애욕^{愛慾}'이 무엇인가요? 이성에 대한 성적인 사랑의 욕심입니다. 이것이 반드시 나쁜 것만은 아니지요. 이 욕심이 없었다면 인류는 까마득한 옛날에 멸종하고 말았을 테지요. 그러니까 아프로디테는 아름다움을 통하여 건강한 애욕을 촉진하는 여신, 이성과 이성 사이에 아름다움을 통한 애욕이 발생하면 아들 에로스에게 명령하여 그 애욕을 실천에 옮기게 하는 여신입니다.

아프로디테는 아름답습니다. 얼마나 아름다웠는가 하면, 이 여신이 올림푸스에 처음 나타나자, '신들의 아버지'라고 불리는 제우스를 비롯 모든 남신^{男神}들이 침을 꿀꺽꿀꺽 삼켰을 정도입니다. 아프로디테는, 족보를 따지자면 제우스의 고모뻘이 됩니다. 그런데도 제우스가 침을 삼켰다면 아프로디테의 아름다움을 짐작할 수 있겠지요. 제우스뿐만이 아닙니다. 제우스의

그림 205 티치아노의 〈거울을 보는 아프로디테〉. 에로스가 곁에서 거들고 있군요.

아우인 바다의 신 포세이돈까지도 아프로디테를 차지하지 못해서 안달복달했다지요. 제우스의 아들들인 전쟁신 아레스, 전령신 헤르메스, 태양신 아폴론은 말할 것도 없었지요.

제우스는, 이러다 아프로디테 때문에 올림푸스 천궁이 싸움터가 되겠구나, 이런 생각을 하고는 아프로디테를 헤파이스토스의 아내로 삼게 합니다. 헤파이스토스는 올림푸스에서 가장 부지런한 살림꾼이지만, 키가 작고 절름발이인 데다 추남醜男으로 유명한 대장장이 신입니다. 세상에서 가장 아름다운 여신과 세상에서 가장 추한 신의 만남……, 〈미녀와 야수〉의 원조에 해

그림 206 벨라스케스의 〈아프로디테의 화장〉. 에로스가 거울을 들어주고 있습니다.

당하는 만남입니다.

　아프로디테는 어찌나 아름다운 여신인지, 이 여신을 보는 순간 모든 남신 혹은 남성은 애욕이 생기게 되어 있습니다. 여성의 아름다움은 바로 애욕을 발생시키기 위한 것이었지요. 상대에게서 애욕이 발생하지 않아도 아프로디테는 걱정하지 않습니다. 이 여신에게는 '케스토스 히마스'라고 하는 비밀 병기가 있습니다. '마법의 띠'라는 뜻인데요, 아프로디테가 이 띠를 보여 줄 경우 저항할 수 있는 남성은 이 세상에 없답니다. 춘화春畵, 혹은 포르노그래피가 잔뜩 그려진 띠였을까요? 하여튼 남성에게 이 띠는, 애욕을 촉진시킨다는 약 '비아그라'와 흡사했을 테지요. 애욕의 여신 아프로디테에게는 이 여신의 특징을 잘 설명해 주는 별명이 있답니다. '아프로디테 포르네'……, '음란한 아프로디테'라는 뜻입니다. '포르노그래피Pornography', '포르노Porno'라는 말은 아프로디테의 별명에서 유래한 말이지요.

에로스는 아프로디테의 아들인가?

사랑의 꼬마 신 에로스 이야기를 잠깐 하고 넘어갈까요? '큐피드의 화살'이라는 말을 아시지요? '사랑에 빠졌다'는 말을 멋스럽게 '큐피드의 화살을 맞았다'고들 하지요? 이 사랑의 꼬마 신 에로스는 조그만 활과 화살을 가지고 다니는데, 어머니인 아름다움의 여신이 지시하면 이 화살을 쏘지요. 저승의 신 하데스도 이 화살을 맞고는 페르세포네를 사랑하게 되었고, 태양신 아폴론도 이 화살을 맞고는 다프네를 사랑하게 되었지요. 아프로디테와 에로스는 어떤 관계일까요?

우리는, '사랑의 꼬마 신 에로스는 아름다움과 애욕의 여신 아프로디테의 아들입니다', 이렇게 말합니다만 반드시 그렇게 이해할 필요는 없습니다. 이 말을, '아프로디테가 상징하는 아름다움과 애욕에서 에로스가 상징하는 사랑이 발생합니다', 이렇게 이해해도 큰 잘못이 아닙니다.

그림 207은 〈세월과 사랑의 알레고리〉라는 그림입니다. 중앙의 벌거벗은 여성은 아프로디테입니다. 왼손에 황금 사과를 들고 있군요. 양치기 파리스로부터 '그리스에서 가장 아름다운 여신'으로 뽑히면서 얻은 황금 사과일 테지요. 그림 왼쪽 구석에는 아프로디테를 상징하는 새 비둘기가 한 마리 앉아 있습니다. 왼쪽의, 아프로디테의 젖가슴에 손을 올려놓고 있는 소년의 등에는 날개가 달려 있습니다. 엉덩이 아래로는 초록색 화

그림 207 브론치노의 〈세월과 사랑의 알레고리〉.

사랑은 눈물의 씨앗

살통이 늘어져 있습니다. 허리 위를 지나가는 것은 화살통의 멜빵 끈입니다. 명백한 에로스 이미지입니다. 하지만 아프로디테나 에로스의 표정은 모자간에 주고받음 직한 그런 표정이 아니지요. 이 그림을 그린 브론치노는 사랑의 신 에로스를 애욕의 여신 아프로디테의 동아리 신으로 본 것임에 분명합니다.

아름다움은 거품 같은 것?

아름다움과 애욕의 여신 아프로디테가 이 세상에 태어나게 되는 사연은 다소 황당하지만, 아름다움이 무엇인지 사랑이 무엇인지 짐작할 수 있게 한다는 뜻에서 꽤 들어둘 만합니다.

  하늘의 신 우라노스가 아내인 대지의 여신 가이아에게 너무 치근덕거렸나 봐요. 치근덕거리는 남편 때문에 가이아 여신이 괴상한 자식들을 줄줄이 낳을 수밖에 없었답니다. 견디다 못한 가이아 여신은 아들 크로노스에게, 어머니가 아들에게 할 수 있을 것으로는 상상도 하지 못할 부탁을 합니다. 낫을 하나 만들어 아버지 우라노스의 생식기를 잘라줄 것을 부탁한 겁니다. 부탁하는 어머니도 우습지만 그렇다고 거대한 낫을 만들어 아

그림 208 조르조 바사리의 〈거대한 낫으로 아버지 우라노스의 생식기를 자르는 크로노스〉. 앞에서 한 번 본(그림 3) 낯익은 그림이지요?

버지의 생식기를 자르겠다고 나서는 아들도 우습지요? 크로노스는 어머니가 시키는 대로 낫을 만들어 아버지의 생식기를 잘라버립니다.

　이때부터 크로노스는 대개의 경우 낫을 든 모습으로 그려지거나 새겨집니다. 크로노스는 '시간'을 상징하는 신입니다. 그러니까 그가 들고 있는 낫은, 때가 되면 모든 것을 소멸시키는 시간을 상징한다는군요.

　우라노스의 생식기가 잘렸으니 얼마나 많은 피가 흘렀겠어요. 하늘의 신이 흘린 피였으니 대지에도 떨어졌을 터이고 바

사랑은 눈물의 씨앗

다에도 떨어졌을 테지요. 바다에 떨어진 피는 바닷물에 풀려 흔적도 없이 사라져야 마땅합니다. 하지만 우라노스의 피는 예사 피가 아니라서 바닷물에 풀리지 않고 거품에 쌓인 채 오랜 세월 바다 위를 떠다녔답니다. 그러다 그 거품이 한 아름다운 여신을 빚었다는군요. 거품을 그리스어로는 '아프로스'라고 한답니다. '아프로스가 빚어낸 여신', 혹은 '거품에서 나온 여신'이라고 해서 이 여신의 이름이 '아프로디테'가 되었다는군요. 이 신화를 두고 사람들은, 아프로디테가 상징하는 '아름다움'이 사실은 '거품 같은' 것임을 가르치기 위해 쓰여진 신화라고들 합니다. 상징적 의미의 해석이야 누구든, 어떻게든 할 수 있는 것입니다. 독자들도 나름대로 해석할 수 있는 것이지요.

그럼 그 거품은 어디에서 온 것인가요? 우라노스의 생식기가 잘리면서, 거기에서 흘러내린 피에서 나온 것입니다. 이것은 그러면 어떻게 해석하면 좋을까요? 우라노스의 생식기와 아프로디테의 아름다운 육체는 둘이 아니고 하나다, 그러므로 아프로디테는 그 근원과의 합일을 꿈꿀 수밖에 없고, 이것이 바로 애욕의 정체이기도 하다, 이렇게 해석할 수도 있겠지요.

아프로스(거품)로부터 아프로디테가 태어나는 순간의 광경은 많은 예술가들의 영감을 자극했음에 분명합니다. 19세기의

그림 209 카바넬의 〈아프로디테의 탄생〉.

화가 카바넬^{그림 209}과 뒤발^{그림 210}도 거품을 타고 퀴프로스섬으로 상륙하는 아프로디테를 그리고 있습니다. 특히 뒤발이 그린 아프로디테의 포즈가 아주 인상적입니다. 여성의 육체를 가장 아름답게 보이게 하는 포즈일까요? 가장 섹시한 포즈일까요? 코미디언에게 세상에서 가장 섹시한 포즈를 잡아보라고 주문한다면 이와 비슷한 몸짓을 할 것만 같지요?

앞의 두 화가보다는 훨씬 이전 사람인 15세기의 이탈리아 화가 보티첼리의 유명한 걸작 〈아프로디테의 탄생〉^{그림 211}을 눈여겨보세요. 바다에서 빚어진 아프로디테가 거대한 조개를

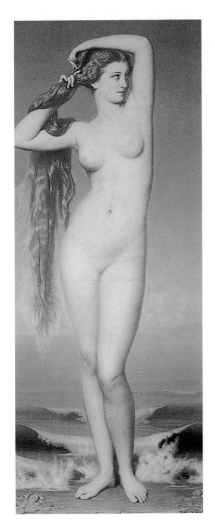

그림 210 뒤발의 〈아프로디테의
탄생〉. 중심을 살짝 무너뜨리고
선 포즈, 정말 아름답지 않아요?

그림 211 **보티첼리의 〈아프로디테의 탄생〉.**

사랑은 눈물의 씨앗

타고 상륙합니다. 조개를 떠받치고 있는 것은 무엇일까요? 당연히 거품이지요. 거품이 물결무늬 모양으로 그려져 있습니다. 왼쪽에서 서풍의 신 제피로스가 입김으로 불어 아프로디테를 육지 쪽으로 밀어줍니다. 오른쪽 여신은 신들을 아름답게 치장해주는 세 자매 여신 '호라이'중 하나인 탈로입니다. 탈로가 아프로디테의 알몸에다 옷을 입혀주고 있습니다.

그런데 아프로디테가 딛고 선 조개가 우리 눈길을 사로잡는군요. 조개는 무엇일까요? 조개는 여성의 생식기를 연상시키는, 너무나도 유명한 상징입니다. 아프로디테는 '아름다움'의 여신입니다. 여성적 아름다움은 '애욕'을 발생시킵니다. 애욕이 없으면 생육도 없습니다. 그러므로 여성의 성기를 상징하는 조개는 풍요^{豊饒}와 다산^{多産}의 상징이기도 합니다. 조개 이야기는 제3장에서 '코르누코피아(풍요의 뿔)' 상징을 검토할 때 이미 한 바 있지요.

아프로디테의 두 얼굴

아프로디테는 애욕의 아름다움의 표상인만큼, 아름다움이 유발하는 애욕은 아름다울 수도 있습니다. 신화에 등장하는 모든 상징에는 표리^{表裏}가 있습니다. 두 가지 서로 모순되는 의미를 담고 있다는 것입니다. 아름다운 것이지만 아름다운 것이 아니기도 하다……, 신화에는 이런 식의 형용 모순이 자주 등장합니다. 아프로디테에게도 이런 측면이 있습니다.

아프로디테에게는 두 가지의 신조^{神鳥}, 즉 이 여신을 상징하는 새가 있습니다. 하나는 우아한 아름다움의 상징인 백조, 또 하나는 사랑의 상징인 비둘기입니다.

〈비둘기 집〉 노래에도 비둘기는 사랑의 상징으로 등장하지요.

사랑은 눈물의 씨앗

비둘기처럼 다정한 사람들이라면

장미꽃 넝쿨 우거진 그런 집을 지어요.

메아리 소리 해맑은 오솔길을 따라

산새들 노래 즐거운 옹달샘 터에

비둘기처럼 다정한 사람들이라면

포근한 사랑 엮어갈 그런 집을 지어요.

〈미라보 다리〉로 유명한 프랑스 시인 기욤 아폴리네르는 비둘기를 사랑의 상징으로 노래했지요.

비둘기여, 예수를 낳게 한 사랑이여

티 없는 마음이여

나도 그대와 같이

한 사람의 마리아를 사랑하고 있다.

아, 나는 그 여인과 한 쌍이 되고 싶다.

그림 213을 보세요. 아름다운 아프로디테가 침대에 누운 채 비둘기 두 마리를 가지고 해괴한 장난을 치고 있군요. 한 마리의 비둘기를 다른 비둘기 등에다 태우고 있습니다. 한 마리는 암컷,

한 마리는 수컷일 테지요. 그 앞에 앉아 있는 날개 달린 꼬마가 바로 사랑의 신 에로스입니다. 날개 달린 꼬마 신 에로스가 화살촉을 비둘기에게 대고 있군요. 그 화살촉에 찔리면 사랑에 빠지지 않고는 못 배깁니다. 아름다움과 애욕의 여신 아프로디테와 사랑의 꼬마 신 모자가 이렇게 꼬드기고 있으니 아마 이 한 쌍의 비둘기는 짝짓기 계절과는 상관없이 사랑을 나누지 않고는 못 배길 겁니다.

그런데 바깥을 보세요. 완전 무장한 남성이 서성거리고 있는데 누구일까요? 올림푸스의 깡패이자 전쟁신 아레스입니다.

아름다움의 여신과 사랑의 신 모자가 이렇듯이 정답게 놀고 있는데 전쟁신이 왜 바깥에서 얼쩡거리고 있는 것일까요?

아름다움이 발생시킨 건강한 애욕이 없었다면 인류는 지금처럼 이 땅에 번성하지 못했을 것입니다. 하지만 건강하지 못한 애욕은 매우 위험한 것입니다. 아프로디테의 집 문밖을 서성거리는 전쟁신 아레스의 존재는 이것을 암시하는 것 같습니다. 사실 고대에는 불건강한 애욕 때문에 터진 전쟁이 아주 많았답니다. 우리가 흔히 쓰는, 네 글자로 되어 있는 옛말 '경국지색傾國之色'은, '온 나라가 다 아는 미인'이라는 뜻으로 쓰이는가 하면, '왕이 혹하여 나라가 뒤집어져도 모를 만큼 아름다운 여인'이라는 뜻으로 쓰이기도 합니다. 사실 아프로디테는 트로이아 전쟁의 간접적인 원인 제공자이기도 합니다. 당시 그리스에서 가장 아름다웠다는 여인 헬레네는 직접적인 원인 제공자였답니다.

실제로 전쟁신 아레스는 아프로디테의 정부이기도 합니다. 아프로디테는 대장장이 신 헤파이스토스의 아내입니다만, 천하의 미녀 아프로디테로서는 천하의 추남 헤파이스토스가 성에 차지 않았을 테지요. 그래서 아프로디테는 지아비 헤파이스토스가 긴 여행으로 집을 비운 사이에 전쟁신 아레스를 끌어들

그림 214 아프로디테와 에로스 뒤로 전쟁신 아레스의 모습이 보입니다. 올림푸스의 유명짜한 왈짜 아레스와 음란한 아프로디테 사이에 무슨 일이 벌어질 듯합니다. 17세기 화가 구에르치노의 그림.

사랑은 눈물의 씨앗

이지요. 그런데 이를 어쩌지요? 간부간부森婦森夫가 한참 사랑을 나누는데 신들이 들이닥친 겁니다. 사실 헤파이스토스는 여행 떠난 것이 아니었어요. 여행 떠난 척하고 아내를 감시하고 있었던 거지요. 천하에 만들지 못할 것이 없는 천재 대장장이 헤파이스토스는 청동에서 뽑은, 거미줄보다 가는 실로 그물을 하나 만들어 침대에 쳐놓고는 짐짓 여행 떠나는 시늉을 했던 거지요. 건드리기만 해도 탁 걸리게 되어 있는 그물입니다.

어떻게 되었겠어요? 신들의 발소리를 듣고 침대에서 일어나려던 아프로디테와 정부 아레스가 이 그물에 걸리고 맙니다. 발가벗은 채로 서로를 껴안고 있는 아프로디테와 아레스의 모습⋯⋯, 신들에게는 좋은 구경거리였겠지요.

아폴론이 헤르메스에게 물었다지요?

"자네도 아프로디테와 저렇게 그물에 갇혀보고 싶겠지?"

그 말에 헤르메스가 대꾸합니다.

"그물이 세 갑절쯤 질겨도 좋겠습니다."

그림 215를 보세요. 아프로디테가 아슬아슬한 자세로 누워 있습니다. 무슨 일이 있었던 것은 아니겠지, 이렇게 물으면서 아프로디테의 속옷을 검사하듯이 들여다보고 있는 신이 바로 헤파이스토스입니다. 아프로디테는 시치미를 뚝 떼고 있지요. 그런데

그림 215 16세기 화가 틴토레토의 〈아프로디테와 아레스의 간통 현장을 덮친 헤파이스토스〉.
아레스가 탁자 밑에 숨어 있군요.

사랑은 눈물의 씨앗

오른쪽 탁자 밑에 투구를 쓴 머리와 얼굴이 보입니다. 바로 아프로디테의 정부 아레스인 것입니다. 둘 사이에 무슨 일이 있었기가 쉽지요.

아름다움과 애욕의 여신 아프로디테와 전쟁신 아레스의 밀회는 사랑이 지닌 대단히 위험한 측면을 암시합니다. 위험한 측면이란, 죽음에 이르는 너무 깊은 사랑의 암시일 수도 있겠고, 미인을 사이에 두고 일어나는 남성들의 갈등과 전쟁과 죽음의 암시일 수도 있겠지요.

그림 216과 그림 217도 사랑이 지닌 위험한 측면을 암시하는 그림입니다. 그림 216에는 에로스가 둘 그려져 있는데 아프로디테가 그중의 한 에로스(사랑)의 눈을 천으로 싸매고 있군요. 사랑이 지닌 맹목성盲目性, 사랑에 빠지면 장님이 된다는 것을 암시하고 있는 것 같지 않은가요? 그림 217에 등장하는, 벌집을 쥐고 서 있는 에로스는 벌에 쏘였는지 울고 있군요. 달콤한 꿀은 벌집을 건드리지 않고는 얻을 수 없는 것입니다. 꿀같이 달콤한 사랑의 경험은 벌집을 건드리는 것이나 마찬가지라는 메시지를 전하고 있는 것 같습니다.

로마 국립 박물관에 있는 저 머리 없는 대리석상그림 200은, 우리가 말을 걸지 않으면 아무 말도 하지 않고, 우리가 귀를 기울

그림 216 티치아노의 〈에로스의 눈을 가리는 아프로디테〉. 아무래도 사랑의 맹목성을 암시하는 것 같아요.

그림 217 크라나흐의 〈아프로디테와 벌집을 든 에로스〉.

사랑은 눈물의 씨앗

그림 218 〈베누스 프리기다〉라는 제목이 붙은 루벤스의 그림. '추운 아프로디테'라는 뜻입
니다. 타인과의 소통이 없는 아프로디테를 상징한다는군요.

이지 않으면 아무 말도 걸지 않습니다. 나는 그 앞에 쪼그리고 앉아 근 한 시간 동안이나 말을 걸고 귀를 기울였습니다. 그때 그 대리석상이 들려준 말이 있습니다.

"사랑은 아름다운 것이다. 하지만 고통과 눈물의 씨앗일 수도 있다."

chapter 12

그러니까 똑바로 살아야지요

밑 빠진 독—다나오스의 딸들

그림 219는 프랑스의 조각가 로댕의 작품 〈다나오스의 딸〉입니다. 파리에 있는 로댕 미술관에 전시되어 있지요. 나는 이 작품 앞에서 한동안 망연자실하게 서 있었습니다. 왜 그랬는가 하면요, 상상으로나마 인간이 처한 극단적으로 절망적인 상황을 대리 체험할 수 있는 것 같았기 때문입니다. 나는 이 작품 앞에서, 산꼭대기로 영원히 바위를 밀어 올려야 하는 시시포스를 떠올렸습니다. 프랑스 작가 알베르 카뮈의 『시시포스 신화』를 떠올렸습니다. 다나오스의 딸 중의 하나인 이 여인도 시시포스처럼, 같은 벌을 영원히 받을 팔자에서 벗어날 수 없습니다.

그림 219 로댕의 〈다나오스의 딸〉, 파리, 로댕 미술관

그러니까 똑바로 살아야지요

궁금할 테지요. 다나오스는 누구이고, 그 딸들은 또 누구인지 궁금할 테지요? 물론 그리스 신화에 나오는 인물들이지요. 무슨 사연이 있길래 이렇듯이 절망적인 포즈를 취하고 있을까요? 사연이 있습니다. 거꾸로 읽는 신화……, 신화의 시대로 거슬러 올라가볼까요?

제우스 신이 아내 헤라 몰래 '이오'라는 여성을 사랑한 적이 있습니다. 그냥 마음으로 사랑만 한 것이 아니고 잠깐 구름으로 둔갑해서 이오의 몸속으로 흘러들어가 버린 것입니다. 제우스는 원래 잘 이럽니다. 다나에라는 여성을 사랑할 때는 황금 소나기로 둔갑해서 다나에의 몸속으로 흘러들어가 버린 전례도 있습니다. 제우스의 아내 헤라는 눈이 아주 밝은 여신입니다. 하기야 천상천하의 팔난봉꾼 제우스를 감시하자면 눈이 밝아도 어지간히 밝아서는 안 될 터입니다.

이오를 사랑하기는 했는데 아내가 내려다보고 있으니 어쩝니까? 제우스는 범행 현장에다 구름 장막을 친 다음 이오를 암소로 변신하게 합니다.

헤라는 질투가 아주 많은 여신입니다만 헤라가 바로 가정과 정식 결혼의 수호 여신인만큼 그 질투는 수호 여신의 필요악이라고 봐야겠지요. 헤라로서는 남편 제우스의 사랑을 받은 이오

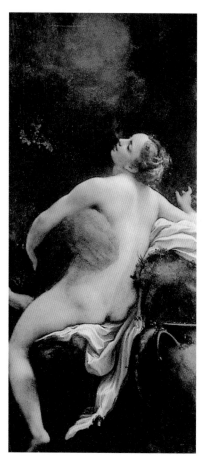

그림 220 구름으로 몸을 바꾼 제우스와 아름다운 처녀 이오. 카라바조의 그림.

그러니까 똑바로 살아야지요

를 그냥 둘 수 없었지요.

그래서 헤라 여신은 이오를 겨냥하고 등에 한 마리를 날려 보냅니다. 등에는 파리보다 훨씬 큰 날벌레로 소를 가장 성가시게 하는 곤충입니다.

헤라 여신이 보낸 등에는 암소로 변신한 이오의 귀로 들어가 쉴 새 없이 윙윙거리면서 피를 빨 수도 있는 뾰족한 주둥이로 이오의 귓바퀴 속을 닥치는 대로 찔러댑니다.

이오(사실은 암소)는 등에 때문에 미쳐 날뛰다 바닷물 속으로 뛰어들고 맙니다. 이오가 미쳐 날뛰면서 한 바다를 헤엄쳐 건너고 한 나루를 뛰어 건너니 이로써 여러 개의 땅 이름이 생기게 됩니다. 이오가 미쳐 날뛰면서 건넌 바다는 '이오니아(이오의 바다)'가 되고, 이오가 뛰어서 건넌 나루는 '보스포루스(암소의 나루)'가 됩니다. 지금의 터키에 있는 보스포루스 해협이 바로 이 '암소의 나루'입니다.

나루에는 동물의 이름이 붙는 수가 많지요. 우리나라 충청도 공주의 옛 이름 '웅진熊津'은 '곰의 나루'라는 뜻입니다. 실제로 공주는 '고마나루'라는 이름으로도 불립니다. 영국에도 동물 이름이 붙은 나루가 있군요. 바로 '옥스포드 Oxford'입니다. '황소의 나루'라는 뜻이지요.

그림 221 피터 라스트만의 〈이오와 함께 있는 제우스를 발견한 헤라〉. 헤라 여신은, 제우스가 처녀 이오를 암소로 변신시키는 것을 보고는 천연덕스럽게, 그 암소 나에게 넘겨줄 수 없어요, 하고 말하지요. 제우스는 결국 헤라에게 암소를 넘겨주고 맙니다. 암소로 변신한 이오가 헤라가 보낸 등에 때문에 곤욕을 치르는 것은 그 뒤의 이야깁니다.

그러니까 똑바로 살아야지요

아프리카 땅까지 도망친 이오는 암소 모습으로 더 견딜 수 없어서 인간의 모습을 되찾게 해달라고 눈물로 제우스 신에게 탄원합니다. 제우스 신이 이오를 불러 오른손으로 머리를 쓰다듬고 왼손으로는 배를 쓰다듬어주었는데, 제우스의 오른손이 머리를 쓰다듬자 이오는 사람의 모습을 되찾았고, 제우스의 왼손이 배에 닿자 이오는 제우스가 배 속에다 끼쳐둔 아들을 낳는데 이 아들이 바로 '에파포스'입니다. '쓰다듬어 태어난 자' 라는 뜻이지요. 이오 이야기를 길게 한 까닭은 바로 이오가 낳은 아들이 다나오스의 조상이 되기 때문입니다.

에파포스는 아프리카에 있던 강의 신 네일로스의 딸 멤피스를 아내로 삼는데요, 네일로스는 오늘날의 '나일'강이 되었고, 멤피스는 도시 이름이 되었습니다. 에파포스의 손자 벨로스는 아프리카 땅에서 쌍둥이 형제를 낳게 되는데, 이 쌍둥이가 바로 아이깁토스와 문제의 인물 다나오스입니다. 다나오스는 그리스인들의 조상이 되고 아이깁토스는 이집트인들의 조상이 됩니다. '아이깁토스'는 이집트의 옛 이름이기도 하지요. 인격신의 이름이 산이나 강이나 나라 이름이 되는 일……, 이것을 빼면 신화는 남는 것이 없습니다. 신화란 강 이름, 산 이름, 특정한 지역 이름 등의 유래를 설명하기 위해, 혹은 세상의 이치를 설명하기 위해 사람들이 그럴듯하게 지어낸 거짓말이다. 이렇게 말해도 신화의 정의에서 크게 벗어나지 않습니다.

지금 이집트와 그리스가 바다를 사이에 두고 멀리 떨어져 있는 것은, 아이깁토스와 다나오스가 서로 떨어지게 되었다는 뜻일 테지요. 이 아이깁토스와 다나오스는 함께 오순도순 살지 못했습니다. 아이깁토스가 다나오스를 바다 건너편에 있는 펠로폰네소스 반도로 쫓아버린 것입니다.

그런데 아우를 쫓아낸 아이깁토스는 아들만 50형제를 낳은 아들 부자였고, 형에게 쫓겨난 다나오스는 딸만 50자매를 낳은 딸 부자였습니다. 한 땅에서 형제가 오순도순 살았더라면 서로 조카는 사위 삼고 질녀는 며느리 삼을 수 있었을 법합니다. 신화 시대에는 사촌 간의 결혼 정도는 근친상간 축에도 들지 못했습니다.

아이깁토스의 아들 50형제들은 사촌 누이들을 잊지 못한 나머지 바다를 건너와 숙부 다나오스에게 청혼합니다. 형제들이 50개의 올리브 가지(평화의 상징)를 일제히 흔들며 각각 하나씩, 50자매 모두를 아내로 맞고 싶다고 간청한 것이지요.

그런데 딸 부자 다나오스에게는 딴생각이 있었던 모양입니다. 그는 조카들의 청혼을 일단 받아들인 다음, 혼례식이 있던 날 딸들을 은밀히 불러 이렇게 일러둡니다.

"아비가 너희들 백부 아이깁토스한테 욕을 보았다. 오늘 밤 너희들이 너희들 몫의 신랑을 요절내어 이 빚을 갚아라."

다나오스는 이 말끝에 딸들에게 단검을 한 자루씩 나누어줍니다.

딸들은 아버지가 시킨 대로 첫날밤에 신랑을 모두 찔러 죽입니다. 50자매가 하나같이 50형제들을 찔러 죽일까요? 신화의 세계에 그런 일은 일어나지 않지요. 반드시 예외가 있게 마련입니다. 예외가 있어야 갈등이 생기고 갈등이 있어야 신화는 풍부해집니다. 이 이야기도 예외가 아닙니다.

막내딸 히페름네스트라만은 아버지의 뜻을 어기고 신랑 린케우스의 손가락 하나 다치지 않았습니다. 아버지 다나오스와, 신랑을 찔러 죽인 49자매가 이 막내를 그냥 두었을 리 없지요. 틀림없이 막내를 협공했을 테지요.

당시 다나오스가 다스리던 아르골리스 땅에는 물이 몹시 귀했습니다. 여기에는 내력이 있지요.

헤라 여신과 바다의 신 포세이돈이 아르골리스 땅을 두고 서로 자기 땅이라면서 땅의 권리를 다툰 적이 있습니다. 아르골리스 땅을 흐르던 강의 신 이나코스는 겁도 없이 헤라 편을 들

게 됩니다. 어째서 헤라 여신의 편을 들었는가 하면 바로 이 이
나코스가 암소로 변신했던 이오의 아버지였기 때문입니다. 제
우스 때문에 딸을 잃었으니 제우스를 향해 얼마나 이를 갈았겠
어요? 그래서 당시 이오 때문에 제우스를 적대하고 있던 헤라
편을 든 것이지요.

　강의 신들은 바다의 신 포세이돈의 부하 아니면 자식이나 다
름없습니다. 그런 강의 신이 헤라 여신을 편들었으니 포세이돈
이 얼마나 골이 났겠어요? 포세이돈은 아르골리스 땅의 물이
라는 물은 다 데리고 바다로 돌아가버립니다. 이나코스 강이
말라버린 것이죠. 당연히 물이 귀했을 테지요.

　다나오스 왕과 49자매는 이 막내 히페름네스트라에게 벌을
내립니다. 왕실에서 쓰는 물을 모두 막내 혼자서 길어오게 한
것입니다. 막내 히페름네스트라는 죽을 때까지 항아리로 물을
길러 다니긴 했으나 그나마 이승에서의 목숨을 부지한 것은 다
사랑의 여신 아프로디테 덕분입니다. 사랑의 이름으로 린케우
스를 지킨 막내를 아프로디테가 보호하지 않을 리 없지요. 사
랑과 아름다움의 여신 아프로디테는, 사랑 때문에 죄인이 된
인간은 못 본 척하지 않습니다.

　세월이 이들인들 비켜 가겠어요? 세월과 함께 나이를 먹고 하

그림 222 신화에는 도시를 두고 신들이 다툼을 벌이는 얘기가 자주 나옵니다. 이 장식품에서도 아테나 여신과 포세이돈이 아티카를 놓고 주도권을 다투고 있군요. 결국 아티카는 아테나의 것이 되면서 이름도 '아테나이(아테나의 도시)'로 바뀌지요.

나씩 죽어가지요. 하지만 히페름네스트라는 세상을 떠나는 것과 동시에 손에서 항아리를 놓을 수 있었으나 나머지 49자매는 세상을 떠나 하데스 땅에 이르자마자 항아리를 들게 되지요. 저승의 재판관들이 저희들 신랑을 찔러 죽이고 막내를 박해한 죗값으로 저승의 물독에다 물을 길어다 붓게 한 것입니다.

별것이 아니라고요? 히페름네스트라가 이승에서 항아리로 물을 길어다 부은 물통에는 바닥이 있었으나 49자매가 저승에서 물을 길어다 부어야 하는 물통에는 바닥이 없었어요. 길어다 붓는 족족 물이 다 흘러나가 버리는 물통에 물을 채워야 하니 다

그림 223 저승왕 하데스와 왕비 페르세포네. 그리고 그 앞에 앉은 저승 지킴이 개 케르베로스.

나오스의 딸 49자매는 영원히 물을 길어다 부어도 결국 물통을 채울 수 없을 게 아닌가요? 말하자면 저승에 간 연후에 이승에서 쌓은 악업을 후회해봐야 '때는 늦으리'인 것이지요. 그러니까 똑바로 살아야지요.

그런데 밑 없는 독, 혹은 밑 빠진 독에 물을 채우는 일은 과연 가능한 것인가요? 이승에서는 이런 기적도 얼마든지 가능하지요. 우리나라의 고대 소설 『콩쥐팥쥐』를 아시지요? 서양에 널리 알려진 신데렐라형 설화 계열의 이야기입니다. 콩쥐의 계모는 콩쥐에게 밑 빠진 독에 물을 채우라고 명령하고는 집을

그림 224 존 워터하우스의 그림 〈다나오스의 딸들〉. 로댕의 조각과 비교해보면, 대리석으로 빚어진 다나오스의 딸들 중 하나가 왜 그렇게 절망적인 포즈를 취하고 있는지 이해할 수 있을 겁니다.

비우지요. 콩쥐가 어떻게 이 위기를 모면하지요? 두꺼비가 와서 밑 없는 독의 밑을 막아주지요. 말하자면 콩쥐의 선행이 두꺼비로 하여금 밑 없는 독의 밑을 막아주는 기적을 일으키는 것입니다. 선행의 기록이 없는 다나오스의 딸들은 지금 이 시각에도 밑 없는 물통에다 물을 길어다 붓고 있을지도 모릅니다.

영원한 갈증 — 탄탈로스

저승에서 영원히 같은 벌을 받아야 하는 것은 다나오스의 딸들만이 아닙니다. 탄탈로스도 있습니다.

　탄탈로스는 제우스와, 티탄(거신족)에 속하는 플루토 사이에서 난 아들입니다. '플루토'는 '재산'이라는 뜻입니다. 플루토는 엄청난 부자였던 모양이지요? 리디아에서 왕 노릇 할 때의 탄탈로스도 엄청난 부자였던 모양입니다. 그리스 말에 '탄탈루 탈란타 Tantalou talanta'라는 말이 있습니다. '탄탈로스의 탈렌', 즉 '탄탈로스의 재물', 결국 '어마어마하게 많은 돈'이라는 뜻입니다. '탈렌'은 '탈란트'라고도 하는데, 아주 큰 금액을 헤아리는 화폐 단위라는군요. 고대의 1탈란트는 '한 사람의 1년 생활

비' 정도로 이해하면 된다더군요. 우리가 쓰는 'TV 탤런트'라는 말도 여기에서 나온 말입니다.

탄탈로스는 신들의 잔치에 초대받아 신들과 함께 암브로시아(불사약)를 먹은 적이 있습니다. 따라서 그는 이미 영생불사하는 몸이었지요. 그런데도 그는 신들에 관해 궁금한 게 여간 많은 것이 아니었어요. 그중의 하나가 신들은 과연 '전지전능'한가, 아닌가 하는 겁니다.

탄탈로스는 신들을 자기 나라로 초대합니다. 제우스의 아들이니까 신들을 초대하는 권능쯤은 누리고 있었던 모양이지요.

그림 226 물이 물러나는 바람에 마시지 못하고, 손을 대면 과일이 달아나는 바람에 먹지 못하는 탄탈로스. A. 반 디펜벡의 동판화.

탄탈로스는 제 아들 펠로프스를 죽이고는 그 고기를 삶아 신들 앞에 내어놓습니다. 신들은 그게 사람의 고기인 것을 알고 손을 대지 않지요. 하지만 곡식의 여신 데메테르만은 한 덩어리를 맛있게 먹습니다. 마침 딸 페르세포네가 행방불명이어서 다른 걸 생각할 마음의 여유가 없기도 했고, 또 딸을 찾아 방황하느라고 너무 굶주린 터였기 때문입니다. 데메테르가 먹은 고기는 탄탈로스의 아들 펠로프스의 어깻죽지였다고 하지요.

　탄탈로스의 몹쓸 짓에 분개한 신들은 탄탈로스는 저승으로 보내고, 저승으로 가 있던 펠로프스의 영혼은 이승으로 다시 불러 올리지요. 하지만 영혼이 깃들이자면 몸이 있어야 하지요. 신들은, 삶긴 채 토막난 고기를 다시 모아 붙여 펠로프스의 육신을 되살려냅니다. 하지만 데메테르가 먹어버린 어깻죽지 살 한 토막은 찾아낼 수 없었지요. 신들은 펠로프스의 어깻죽지에는 살 대신에 상아를 붙여주었다는군요.

탄탈로스가 저승에서 받는 벌은 영원한 허기와 갈증에 시달리는 벌입니다. 물이 눈앞에 있어도 탄탈로스가 마시려고 접근하면 물이 달아나버립니다. 먹을 것이 앞에 있어도 탄탈로스가 먹으려고 접근하면 먹을 것이 달아나버립니다. 이 감질나는 상태를 영어로는 '탠털라이즈 tantalize'라고 하는데, 이것은 '탄탈로스'라는 이름에서 유래합니다.

영원한 공중제비 — 이크시온

저승에서 영원히 같은 벌을 받아야 하는 것은 다나오스의 딸들과 탄탈로스뿐만이 아닙니다. 이크시온도 있습니다.

이크시온은 아득한 옛날 테살리아에 살고 있던 라피테스족이 모여 사는 나라의 왕이었다는군요. 이크시온은 양아버지 데

이오네우스(파괴자)에게 참한 양어머니를 얻어주겠다고 약속하고는, 막상 양아버지가 신부를 맞으러 오자 불구덩이에 밀어넣어 죽였다는 아주 악명 높은 인간입니다. 말하자면 이크시온은 인간으로는 처음으로 근친을 죽인 살인자인 셈이지요. 복수의 여신 에리니에스는 육친을 해코지한 패륜아에게는 무자비한 여신입니다. 에리니에스는 이크시온의 정신에다 광기를 불어넣지요. 광기가 들면 당사자는 몸만 멀쩡할 뿐, 의식은 몸에 머물러 있지 않습니다. 헤라클레스가 자기 아내와 자식을 죽인 것도 다 헤라가 광기를 불어넣었기 때문인 것이지요.

이크시온은 광기에 들려 테살리아 땅을 방황하다 제우스에게 차라리 죄를 물어 벌을 주거나, 아니면 죄를 씻어줄 것을 빌었습니다. 그런데 제우스가 이상한 짓을 합니다. 그는 이크시온의 죄를 씻어주는 것은 물론, 그를 초대하고 올림푸스의 손님으로 맞아들이고 영생불사의 은총까지 베푼 것입니다.

이크시온이 분에 넘치는 제우스의 은혜를 입고 얼마간 올림푸스의 손님으로 머무는 것은 좋았는데, 역시 인간이어서 욕심을 끊지 못한 것이 탈이었지요. 이 이크시온이, 제우스의 눈에 뜨이려고 아침마다 카나토스(카나타스의 샘)에서 몸을 씻고 나타나는 헤라에게 그만 음심을 품고 만 것입니다.

그러니까 똑바로 살아야지요

그림 227 불바퀴에 매달린 채 영원히 돌아야
하는 이크시온. 바퀴 아래의 날개 달린 여신은
복수의 여신 에리니에스입니다. 기원전 4세기
의 항아리 그림.

헤라는 이를 알고 제우스에게 달려가 탄원합니다.

"이 몸이, 저런 인간까지 탐을 내어도 좋을 몸입니까?"

제우스는 그냥 있기도 뭣하고 그렇다고 죄를 묻기도 난감했
던지, 살며시 구름으로 가짜 헤라를 빚어 올림푸스 안을 살랑
거리며 다니게 합니다. 그런데 이크시온이 기어이 일을 저지릅
니다. 가짜 헤라를 차지하고 만 것입니다. 제우스는 설마 하다
가 이크시온의 방자하기가 거기에 이른 것을 알고는 크게 노하
여, 이크시온을 영원히 공중 회전하는 불바퀴에 매달아버리고
는 불바퀴를 이크시온과 함께 저승 땅으로 보내버립니다.

뒷이야기가 흥미롭습니다. 이크시온과 사랑을 나눈 가짜 헤라는, 제우스가 구름으로 지은 것이기는 하나 제우스가 잠시나마 생명을 불어넣었던, 말하자면 생명체였던 것이죠. 제우스가 이크시온의 겁 없는 짓거리에 놀라 황급히 가짜 헤라를 구름으로 되돌렸지만 이때는 이미 가짜 헤라가 이크시온의 씨를 받은 뒤였지요. 이 씨가 구름 속에서 자라다 달이 차서 태어나니 이 자식이 바로 켄타우로스라는 것입니다.

영원한 노동─시시포스

일찍이 호메로스가 '교활한 인간 가운데서도 가장 교활한 인간'이라고 부른 사람이 있습니다. 시시포스가 바로 그 사람입니다. 이 시시포스는 '시지프스'라고 불리기도 하고 프랑스식으로 '시지프'라고 불리기도 합니다.

시시포스가 이 땅에 산 것은, 제우스가 난봉을 일삼던 시절, 전령신 헤르메스가 태어나던 시절이니 참으로 아득하게 먼 옛날 일입니다. 시시포스는 바람의 신 아이올로스의 아들입니다. 아이올로스는 아이올리아섬을 놋쇠 벽으로 막고 동풍, 서풍,

그림 228 티에폴로가 그린, 바람의 신 '아이올로스'.

남풍, 북풍을 동굴 안에다 가두어두었다가 강약과 완급의 조화를 마음대로 부리면서 때로는 순풍, 미풍, 때로는 질풍, 태풍으로 내보내는 바람의 신입니다.

바람의 신 아이올로스의 아들 시시포스는, 신들 편에서 보면 엿보고 엿듣기를 좋아하고, 입이 싸고, 교활하고, 거짓말을 잘하고, 하는 짓에 종작이 없는 인간이었고, 같은 인간 편에서 보면 감히 신들의 일에 끼어들어 인간을 이롭게 하고, 바른말을 잘하고, 지혜롭고, 임기응변과 수시변통에 능한 인간이었지요. 바람의 신 아이올로스의 '풍이 센(거짓말 잘하는)' 아들……, 공교롭게도 우리말의 '풍이 세다'는 말과 일치하고 있어서 재미있군요.

도둑질의 원조이자 도둑과 소매치기의 수호신 헤르메스가, 그 어머니 태를 열고 이 세상에 나온 날 해 질 녘에 살며시 강보를 열고 나가 이복형이 되는 아폴론의 소를 훔친 일이 있습니다. 교활한 아기 헤르메스는 소를 몰고 동굴로 가면서 소 발에는 떡갈나무 껍질로 신을 삼아 신기고 소꼬리에는 싸리 빗자루를 매고 땅바닥에 끌게 하여 발자국을 말끔히 지운 다음 천연덕스럽게 다시 동굴로 들어가 아기 행세를 했지요. 이게 무슨

그림 229 중세의 세밀화에 그려진 바람의
신 아이올로스. 바람을, 아이올로스의 입김
이라고 생각한 것 같군요.

소린가 싶겠지요. '아폴론의 소', '이 세상에 나온 날…… 소를
훔친 일'…… 신화니까 가능한 일이지요. 아폴론은 그 괄괄한
성미 때문에 인간 세상에서 귀양살이를 한 일이 있습니다. 그
때 소를 돌보는 일을 했지요. 헤르메스는 태어난 그날 도둑질
을 한 것으로 유명한 신입니다.

　하여튼 이것을 엿보고 있다가 아폴론에게 도둑질한 범인을
일러바친 자가 바로 시시포스입니다. 아폴론이 헤르메스를 제
우스 대신에게 고발하자 제우스가 묻습니다.

　"어린것이 기특하게도 소 발에는 신을 삼아 신겨 소리를 지우고 꼬리에는 빗자루를 달아 흔적을 지웠는데, 네가 어떻게 소 있는 곳을 알았느냐?"

"바람의 신 아이올로스의 아들 시시포스가 일러주더이다."

아폴론이 대답하자 제우스는 눈살을 찌푸리며 중얼거립니다.

"신들의 일을 엿보다니, 그놈이 분수를 모르는구나."

이 일로 시시포스는 제우스의 눈 밖에 납니다.

그 뒤의 일입니다. 제우스가 독수리로 둔갑한 뒤 아이기나라는 참한 요정을 채어가 섬 그늘에서 사랑을 나눈 일이 있습니다. 시시포스는 이것마저 엿보고 있다가 요정의 아버지이자 강의 신인 아소포스를 찾아갑니다. 시시포스는 독수리에 채여간 딸 걱정을 태산같이 하고 있던 아소포스를 찾아가 이런 말을 합니다.

"내가 네메아 근처에다 도시를 하나 차렸는데, 백성이 물 걱정을 몹시 하니 차리지 않은 것만 같지 못하오. 여기에 물을 좀 나누어주겠다면 따님 행방을 일러드릴 것이나 물을 나누어주지 못하겠다면 나도 본 것을 안 본 것으로 할 것이오."

아소포스가 뜨악한 얼굴을 합니다.

"그곳은 원래 도성 자리가 아니오. 도성 자리라고 하더라도 강의 신인 내가 그 높은 땅으로 오르는 것은 신의 뜻이 아니오만……."

아소포스는 시시포스에게 그러마고 약속하고 급히 시시포스가 일러주는 그 섬 그늘로 딸을 찾으러 갔지요. 아소포스가 그 섬 그늘에 이른 것은, 독수리로 둔갑했던 제우스가 둔갑을 풀고 막 요정을 취하고 있는 참이었지요. 요정의 아버지가 나타나자 제우스는 대체 어떻게 알고 왔느냐고 물었지요.

"바람의 신 아이올로스의 아들 시시포스가 일러주더이다."

아소포스의 대답을 들은 제우스는 두 번째로 시시포스를 별렀습니다. 제우스는 시시포스를 단단히 잡도리하기로 결심했을 법합니다.

하여튼, 시시포스가 이렇게 아소포스로부터 물을 얻은 샘이, 오늘날에도 남아 있는 페이레네 샘이요, 그 전에 시시포스가 차렸다는 도시가 코린토스라고 합니다.

제우스는 죽음의 신 타나토스를 보내어 시시포스를 데려오게 합니다. 임기응변과 수시변통에 능할 뿐만 아니라 남의 의중 짚어내기를 제 주머니에 든 물건 꺼내듯이 하는 시시포스는 제우스 대신의 보복이 있을 것을 짐작하고 있다가 타나토스가 나타나자 사슬로 꽁꽁 묶어 창고에다 가두고는 문에다 납으로 만든 쇠통을 채워버립니다. 당연한 일이지만, 타나토스가 시시포스의 창고에 갇혀 있을 동안만은 세상에 죽는 사람이 없었을

그림 230 죽음의 신, 혹은 저승사자 타나토스의 모습이 가장 사실적으로 그려진 그림은 아마도 레이턴 경의 〈죽음으로부터 알케스티스를 지키는 헤라클레스〉일 것입니다. 그림 오른쪽에 헤라클레스와 싸우는 타나토스의 모습이 보이는군요.

그러니까 똑바로 살아야지요

테고, 따라서 세상 사람들은 '죽음'을 가둔 시시포스를 신으로 떠받들어 찬송했을 법하지요.

이 소식을 들은 제우스는 어이가 없었던지 처음에는 실없이 웃다가 곧 낯색을 바꾸었지요. 화가 난 제우스는 전쟁신 아레스를 보내어 타나토스를 구하고 시시포스의 목숨을 타나토스에게 맡기게 합니다. 이제 시시포스는 죽은 목숨이지요. 하지만 시시포스는 이것까지도 짐작하고 있었지요. 그래서 시시포스는 아내 멜로페를 불러 은밀하게 일러둡니다.

"제우스 대신이 기어이 아레스를 보내어 타나토스를 구하고 내 목숨을 타나토스에게 붙일 모양이오. 그러니 시키는 대로 하시오. 내가 숨을 거두거든 짐짓 애곡하되, 첫째로는 육축의 피와 생고기로 사자밥을 마련하지 말 일이요, 둘째로는 장례식을 치르지 말 것이며, 셋째로는 나를 화장도 매장도 하지 말 일이니, 그러면 장차 내가 누구인지 알게 될 것이오."

창고에서 풀려난 타나토스 손에 덜미를 잡히는 순간 시시포스는 숨을 거둡니다. '타나토스 손에 이끌려 저승으로 감'은 곧 '죽음'과 동의어인 것이지요.

그런데 저승으로 끌려간 시시포스는 엉뚱하게도 왕비 페르세포네에게 하소연합니다.

아내 멜로페가 육축의 피와 생고기로 사자밥을 마련하지도 않고, 장례 예식도 치르지 않을 뿐만 아니라, 시신을 화장도 매장도 않고 있으니, 사흘 말미만 허락하면 아내의 죄를 단단히 물은 연후에 다시 오겠노라고 한 것입니다.

페르세포네가 이 시시포스의 말장난에 넘어가서 그랬는지, 아니면 짐짓 그래 보는데 시시포스가 넘어갔는지, 하여튼 그는 사흘 말미를 얻어 이승으로 올라올 수 있었지요. 시시포스는 이로써 아내 멜로페에게 '자기가 누구인지'를 보여준 셈입니다.

시시포스는 페르세포네와 했던 약속을 지키지 않았습니다. 신들의 노여움을 사면서까지 코린토스 백성에게 물을 벌어준 시시포스에게 제 백성들과 살을 비비며 사는 이승의 삶이 너무 소중했을지도 모르는 일이지요.

시시포스는 페르세포네를 속이고 이승에 눌러앉아, 살아도 오래 살았습니다. 얼마나 살았는가 하면 어머니 태를 열고 나온 날에 소 도둑질을 하던 헤르메스가 아들을 낳고 그 아들이 외손자를 볼 때까지 살았으니까 굉장히 오래 산 셈이지요.

이 헤르메스의 아들이 바로 아우톨리코스입니다. 아버지를 닮은 데다가 아버지로부터 거짓말과 도둑질을 배워 그 솜씨가 절등했습니다. 오죽하면 후세 사람들이 '아우톨리코스의 손길이

닿는 족족 그 물건은 인간의 눈앞에서 사라진다'고 했을까요.

이런 아우톨리코스와 시시포스가 한 산자락에 서로 소 떼를 풀어놓고 기른 적이 있습니다. 말하자면 도둑질의 명수이자 인간 중에서도 가장 교활한 인간 아우톨리코스와 저승의 왕비 페르세포네까지 속여먹은 임기응변의 명수가 이 산자락에서 만난 것입니다.

아우톨리코스는 상대가 시시포스인 줄도 모르고 그의 소를 훔쳐 번번이 제 우리에 넣되, 소 임자가 알지 못하게 늘 털 색깔은 바꾸고, 있는 뿔은 없게 하거나 없는 뿔은 있게 했다는군요. 어느 날 시시포스는 아우톨리코스의 소 머릿수는 나날이 늘어가는데 제 소 머릿수는 나날이 줄어드는 걸 알고 가만히 계산을 맞추어보고는, 아우톨리코스의 소 머릿수는 정확하게 줄어드는 자기 소 머릿수만큼 늘어가고 있는 것을 알아내지요. 그러나 시시포스는 아우톨리코스의 소 떼 중에서 제 소를 찾아낼 수가 없었습니다.

시시포스는 소의 발굽 바닥에다 제 이름의 두문자 'S'를 새겨놓고는 물증이 잡히기를 기다렸지요. 그러나 소 머릿수는 자꾸 줄어드는데도 아우톨리코스의 소 떼 중에 발굽 바닥에 시시포스 이름의 두문자가 새겨진 소는 한 마리도 없더랍니다. 그럴 수밖에요. 아우톨리코스가 이를 알고 소를 훔칠 때마다 발굽을 갈아버렸기 때문이지요.

시시포스는 이번에는 소 발굽 갈라진 곳에다 납을 붓고 그 납에다 글씨를 새겨넣었지요. 이런 절묘한 내용입니다.

'아우톨리코스 손에 끌려간다.'

소 발굽을 거친 돌로 갈 줄만 알았던 아우톨리코스는 시시포스의 이 수법에는 당하지 못하고 꼬리를 잡히고 말지요. 그가 소를 끌고 간 길 바닥에, '아우톨리코스 손에 끌려간다'는 글귀가 그 우리에 이르기까지 찍힌 것이지요.

아우톨리코스는, 최초로 문자를 이용하여 자기의 도둑질 기술을 무력화시킨 이 시시포스에게 제 딸 안티클레이아를 줍니다. 자, 이렇게 더할 나위 없이 교활한 인간 아우톨리코스의 딸과, 저승의 왕비 페르세포네까지 속여먹은 이 임기응변의 명수 시시포스가 동침했으니 어떤 자손이 태어날까요? 뒷날 트로이아 전쟁 당시 '그리스 연합군의 꾀주머니'라고 불리는 이타케의 영웅 오디세우스가 바로 이 핏줄이랍니다.

하지만 시시포스는 인간이지요. 이 말은 그가 영생불사하는 존재일 수 없었다는 뜻입니다. 시시포스가 땅에서 천수를 다하고 타나토스 손에 덜미를 제대로 잡혀 한 번 가면 못 올 길을 가

그림 231 저승의 아크로코린토스 산 꼭대기로 바위를 밀어 올리는 시시포스. 기원전 4세기의 병 그림.

자, 저승왕 하데스는 그에게 벌을 내립니다.

저승에는 마침 시시포스 고향의 아크로코린토스산과 그 모양이 비슷한 바위산이 하나 있었는데, 하데스는 시시포스에게 기슭에 있는 큰 바위를 밀어 올려 바위가 늘 그 꼭대기에 있게 하라고 명한 것입니다.

아폴론에게 헤르메스가 한 도둑질을 고자질했고, 제우스가 요정과 사랑을 나누는 현장을 훔쳐보았고, 타나토스를 창고에 가두었고, 페르세포네를 속여넘긴 시시포스에게 바위 하나를 산정으로 밀어 올리는 노동은 지나치게 관대한 판결로 보였을

지도 모르지요. 사실, 영원한 갈증에 시달리는 탄탈로스, 영원히 도는 불바퀴에 묶인 이크시온, 영원히 밑 빠진 독에 물을 길어다 붓는 다나오스의 딸들에 견주면 시시포스가 받아야 하는 벌은 지나치게 가벼워 보일 법하기도 합니다.

　시시포스는 뺨을 그 바위에 대고, 손으로는 바위를 밀고 대지를 밟던 그 발로는 바위산 사면을 버티며 바위를 산정으로 밀어 올립니다. 하지만 그 바위는 산정에 오르는 순간 그 엄청난 질량에 걸맞은 속도로 다시 기슭으로 굴러 내립니다. 시시포스는 다시 바위가 있는 곳으로 내려와야 합니다. 왜냐하면 바위는 저승의 법, 하데스의 명계의 법에 따라 그 산정에 있어야 하기 때문입니다. 시시포스는 하늘이 없는 공간, 측량할 길 없는 시간과 싸우면서 다시 바위를 굴려 올립니다. 바위는 또 굴러 내려오고, 시시포스는 또 내려와 바위를 굴려 올립니다. 따라서 시시포스는, 저 영원한 갈증에 시달리는 탄탈로스나, 영원히 불바퀴에 달린 채로 돌아야 하는 이크시온이나, 밑 빠진 독에다 물을 채워야 하는 다나오스의 딸들처럼 '영원히' 이 바위를 밀어 올리는 수고를 계속해야 합니다. 탄탈로스, 이크시온, 다나오스의 딸들, 그리고 시시포스가 이 영원한 겁벌의 업보에서 잠시, 아주 잠깐 벗어난 것은 저 신화 시대의 절창 오

그림 232 시시포스가 힘겹게 밀어 올린 바위를 아래로 굴리는 저승사자 중의 하나. A. 반 디펜벡의 동판화.

그림 233 시시포스, 이크시온, 탄탈로스가 한자리에 그려진 19세기 신화집 삽화.

르페우스가 명계로 내려와 수금을 뜯으며 노래를 불렀을 때뿐
이라고 하지요.

시시포스가 다시 굴러 내리게 되어 있는 바위를 산정으로 굴
려 올리는 광경은, 저 로마 사람 오크누스가 영원히 새끼줄을
잘라 먹는 당나귀 옆에서 끝없이 새끼줄을 꼬고 있는 장면을
연상하게 합니다. 그래서 후세 사람들은 헛된 수고를 '시시포
스의 바위'와 '오크누스의 새끼줄'에다 견주어 말합니다.

지금도 바위를 굴려 올리는, 무익한 수고를 계속하고 있는
시시포스의 신화는 인간에게 어떤 소식을 전하고 있는 것일까

그러니까 똑바로 살아야지요

요? 후세의 눈 밝은 소설가 알베르 카뮈는 시시포스적 오만과 시시포스적 비극의 의미를 이렇게 읽고 있군요.

……시시포스는 고통을 느끼며 바위산을 내려왔을 것이다. 그러나 가슴 두근거리며 바위산을 내려왔을 수도 있다. 이것은 지나친 말이 아니다…… 산기슭에 있는 시시포스를 상상해보자. 인간적인 모든 것은, 완전히 인간적인 기원에서 비롯되었다고 확신하는 인간, 눈뜨고 보고 싶어 하면서도 어둠에는 끝이 없음을 알고 있는 이 인간……, 이 인간에게는 우주가 무익한 것으로 여겨지지 않는다. 우리는, 시시포스가 그 순간 행복을 느끼고 있다고 보아야 한다…….

epilogue

신화는 '이야기의 어린이'

나는 사람 이름이나 도시 이름이나 거리 이름을 꽤 잘 외는 축에 속합니다. 우리 이름은 물론이고 영어나 일본어 이름도 썩 잘 외는 편입니다. 내가 이름을 잘 외는 것은, 어떤 사람이나 도시나 거리를, 그 이름이 가진 의미와 연결시키기 때문입니다. '세종로'라는 이름을 욀 때는 세종대왕의 백성 걱정하는 마음을 생각하고, '충무로'라는 거리 이름을 욀 때는 충무공 이순신 장군의 나라 걱정하는 마음을 생각합니다.

3년 전 터키에 갔을 때의 일입니다. 나는 터키 사람의 이름이나 도시의 이름, 거리의 이름을 하나도 욀 수 없었지요. 이름

외는 나의 재주가 도무지 통하지 않는 것입니다. 나는 곧 그 까닭을 알게 되었습니다. 터키 말을 조금도 모르니까 이름의 뜻도 전혀 알 수 없었던 것입니다. 그래서 한 주일 동안 머물면서 터키 말의 기본 낱말을 약 백 개 정도 외웠습니다. 그랬더니 기적이 일어나더군요. 상당히 많은 도시와 거리 이름을 욀 수 있게 된 것입니다.

그런데 참 이상한 일도 다 있지요. 우리나라 어린이들에게는 정반대의 일이 벌어지고 있습니다. 몇 년 전, TV에 나온 어린이가 공룡 이름을 줄줄 외는 것을 보았습니다. 참으로 놀라운 일이었지요. 대부분의 공룡 이름은 옛날 그리스 말로 지어져 있습니다. '공룡'을 뜻하는 영어 '다이너소어 Dinosaur'라는 말부터가 '무서운 dino 도마뱀 saurus'이라는 뜻을 지닌 그리스어입니다. 나는 공룡 이름을 잘 욀 수 있습니다. 왜냐하면 나는 옛날 그리스 말을 조금 알고 있기 때문입니다. 그런데, 옛날 그리스 말을 조금도 알지 못하는 어린이가 어떻게 그 길고 까다로운 이름, 까딱 잘못하면 발음하다가 혀를 깨물기 십상인 그 복잡한 이름을 외는 것일까요? 어린이들은 게임에 나오는 등장인물의 이름도 잘 욉니다. 무슨 뜻인지도 모르는데도 불구하고 잘 욉니다. 이걸 도대체 어떻게 설명해야 할까요?

신화는 '이야기의 어린이'

2001년 여름, 서울에 있는 예술의 전당에서 그리스 로마 신화와 관련된 고대의 유물 전시회가 열렸지요. 나는 전시회를 둘러보다 몹시 놀랐습니다. '놀랐다'는 말보다는 '기절초풍했다'는 말이 더 어울리겠군요. 어린이들이 부모님께 그리스 신화에 나오는 신들이나 사람들 그리고 괴물들의 이름을 대면서 줄줄 신화를 설명하는 겁니다. 신들이나 사람이나 괴물의 이름에는 다 뜻이 있습니다. 나는 그 뜻을 알기 때문에 외는 것이 별로 힘들지 않습니다. 그런데 어린이들은 뜻도 모르면서 어떻게 외는 걸까요?

나는 이 수수께끼를 거의 푼 것 같습니다. 어린이는 뜻을 모르고도 낱말을 잘 욉니다. 열 살 안팎의 우리나라 어린이가 미국에서 영어를 배우는 것을 보면 그 빠르기가 믿어지지 않을 만큼 눈부십니다. 외국어 낱말을, 사진이라도 찍듯이 기억에다 찍어버립니다. 어린이는 따지지 않습니다. 신화를 읽을 때도 따지지 않습니다. 하지만 어른은 요모조모 따지지요. 그런데 어른은, 따지는 것을 배우면서, 사진이라도 찍듯이 기억에다 이름을 찍는 능력을 잃어버리는 것 같습니다. 어른들에게 신화가 중요한 까닭이 여기에 있습니다. 신화는, 어른이 되면서 잃어버린 인류의 어린 시절 이야기 같은 것이라는 게 나의 생각입니다.

신화는 아주 옛날에 쓰여진 것들입니다. 동화가 그렇듯이 신화는 '이야기의 어린이' 같은 것입니다. 어린이들이 신화를 읽어야 하는 까닭, 어린이들이 '이야기의 어린이'를 만나야 하는 까닭이 여기에 있습니다. 어린이들에게 신화를 읽는 일은 사진 찍듯이 인류의 어린 시절을 기억에 찍어버리는 일, 어른에게 신화를 읽는 것은 '이야기의 어린이'를 통해 인류의 어린 시절로 돌아가는 일입니다.

신약성경 『고린토 전서』는 사도 바울이 그리스의 고대 도시 코린토스 사람들에게 보낸, 편지 형식의 글입니다. 나는 코린토스에 갈 때마다 『고린토 전서』 13장에 나오는 다음 구절을 떠올립니다.

내가 어렸을 때에는

어린이의 말을 하고

어린이의 생각을 하고

어린이의 판단을 했습니다.

그러나 어른이 되어서는

어렸을 때의 것들을 버렸습니다.

  사도 바울은 서기 1세기 당시 코린토스에서 성행하던 아프로디테 숭배 풍속을 깨트리려고 무진 애를 썼던 사람입니다. 그리스 문화권의 신화와 히브리 문화권의 기독교에 관심이 많은 나는, 앞의 인용문에 나오는 '어린이의 말'을 '그리스 신화'로 읽습니다. 그렇다면 '어른'이 되었다는 것은 신화를 버리고 기독교인이 되었다는 뜻일까요?

  신화가, 더 이상 유효하지 않은 고대인의 종교라는 것은 분명합니다. 하지만 여러 문화 현상을 거슬러 올라가보면 거기에는 '종교'라는 이름의 강과 '신화'라는 이름의 발원지가 있습니다.

어른이 되면서 내던져버린 '어렸을 때의 것들'이 중요한 까닭이 여기에 있습니다. 프리즘이 제작된 지 오래되었는데도 불구하고 내가 영국 시인 워즈워스의 시 〈무지개〉를 즐겨 암송하는 까닭도 여기에 있습니다.

하늘의 무지개를 볼 때마다 내 가슴은 설렌다.
나 어렸을 때 그랬고 어른이 된 지금도 마찬가지
쉰예순에도 그렇지 못하면 차라리 죽는 것이 나으리.
어린이는 어른의 아버지
바라건대 나의 하루하루가 자연에 대한 경건한 마음으로
가득 차기를.

신화는 '이야기의 어린이'

찾아보기

데이아네이라 73, 84

델포이 135, 137, 170, 269, 281, 284
295~297, 311, 314

두하르딘, 카렐 343

뒤발, 외젠느 340~341

들라크루아, 외젠느 283

디오니소스 39~41, 104, 134~135

ㄹ

라스트만, 피터 362

라오코온 310, 312

라이레스, 게라르트 206, 208

라파엘로, 산치오 269, 299

레스토, 장 311

레아 12~13, 98~102

ㄱ

가이아 337

고주몽 高朱蒙 46~48

구에르치노 348

금강 역사 122~126, 149~150

기간테스 254~256

ㄴ

니오베 221~224, 230~244

ㄷ

다나오스 357~370, 373, 388

다프네 282, 335

데메테르 13, 65, 67, 98, 188
314, 319, 372~373

레이튼, 프레드릭 68, 299

레토 224~234, 239, 281~282

로댕, 오귀스트 357~358, 369

로마노, 줄리오 253

루벤스, 피터 폴 15, 53, 128~129
131, 194~195, 353

르노, 장 197

르동, 오딜롱 110

리비어, 브리튼 256

ㅁ

메두사 34~39

멜람포스 306~307

멜리세우스 100~103

모로, 구스타프 288

무사이(뮤즈) 23, 50~51, 251, 258, 264
므네모시네 258
미노타우로스 44~45

ㅂ
『불핀치의 그리스 로마 신화』 36, 48
  200, 263, 306
『변신 이야기』 170, 190, 211, 215
  230, 254, 266, 304
바사리, 조르조 11, 338
반 캄펜, 야콥 130~131
베스 ▶ 프리아포스
베스탈 25
벨라스케스, 디에고 333
벨레로폰 48~49, 51, 268
보티첼리, 산드로 81~82, 340, 342
부그로, 아돌프 빌리암 110
브라에이, 살로몬 데 207~208
브론치노, 아뇰로 336~337
브롬멘델, 라이어 반 193

ㅅ
『삼국사기』 48
시시포스 357, 376~391

ㅇ
『아이네이스』(아이네이아스 이야기) 211
  215, 263
『오디세이아』(오디세우스 이야기) 190
  208~209, 211

『일리아스』(트로이아 전쟁 이야기) 183
  190, 209
아레스 217, 258, 289, 332
  346~351, 389
아르테미스 32, 177~178, 224~241
  257, 281~282, 399
아말테이아 101~103
아소포스 380~381
아스클레피오스 161~179
  216, 317, 320~321
아스트라이아 17~21
아시모프, 아이작 10
아우로보로스 322
아이기스 37~39
아이네이아스 187, 190~191, 202
  212~213
아이올로스 376~381
아켈로오스 70~72, 78~84, 94~96
아크타이온 238
아킬레우스 201~208
아테나 34, 36~38, 119, 177, 189
  193, 198~199, 224~255, 257
  266~267, 283, 293~295, 367
아테니제, 알렉산더 232
아폴론 23, 27, 119, 135, 139
  161~162, 167~171, 176~177
  204~205, 221, 224~244, 256~257
  265, 269, 280~285, 295, 297
  309~320, 332, 335, 349, 378~380
  387

아프로디테(베누스)   42, 44, 104, 106
    193, 197, 199, 212, 249, 270
    325~354, 366
알렉산드로스   38, 119~120, 132~139
    150, 298
에로스(큐피드)   44, 74, 99, 259~337
    346, 351~352
에리니에스   374~375
에리스   190~193, 202
에우로페   284
에우리디케   259, 308~313
에페르딩겐, 세자르 반   50
오디세우스   187, 190, 202, 206, 208
    211, 305, 310, 386
오르페우스   256~257, 259, 308~311
    313~315
오이노네   193, 196, 200~201
옴팔로스   296
요르단스, 야콥   25
우라노스   11, 103, 259, 337~339
워터하우스, 존   210, 369
윌슨, 리처드   241
유리왕瑠璃王   46
이아손   54~56, 289~290, 298, 309
이오   359~363, 366
이카로스   49
이크시온   373~376, 388, 390

ㅈ

제우스 11, 13, 15, 54, 73~75, 98~103
    119, 122, 125~131, 134~135
    144, 169, 189, 196, 198, 200, 224
    226~227, 252~258, 265, 268, 284
    286, 303~304, 314, 331~332
    359~363, 366, 370~371, 374~376
    379, 380~381, 383, 387

ㅋ

카드모스   284~286, 309
카라바조, 미켈란젤로   291~292, 360
카론   64, 66~67
카바넬, 알렉상드르   340
케크롭스   293, 295, 297
코르누코피아(풍요의 뿔)   62~70, 81
    96~111, 344
코모두스   140
코스타, 로렌초   260
크라나흐, 루카스   352
크로노스   10~20, 98~103, 337~338

ㅌ

타나토스   64, 145, 147, 381~383
    386~387
탄탈로스   233, 370~373, 388, 390
테미스   17, 19
테세우스   44~48, 51~52, 71, 168
테이레시아스   303~306
테티스   202~205
티에폴로, 조반니 바티스타   17~18, 21
    121, 377
티치아노, 베첼리오   235, 238, 308

332, 352

티탄　254, 370

틴토레토, 야코포　350

ㅍ

파리스　191~202, 204, 209, 335

파에톤　49, 52~54

페가수스　23, 25, 48~51, 265~268

페넬로페　209~211

페르세우스　31, 36~37, 266

페르세포네　67~68, 314, 335, 368
372, 384, 386~387

포모나　106~108

포세이돈　13, 34, 98, 208, 332
365~366

폴뤼이도스　307

푸생, 니콜라　20, 42~43, 46~48, 52
99~101, 158, 213, 261

피톤　226, 281~284, 295, 297
309~311, 314

피티아　135, 282, 284, 311, 313~314
317~318

프리아포스　104~105, 107~109

플레이아데스　24~25

필록테테스　42, 200~201

ㅎ

하데스(플루토스)　64~65, 67, 70, 98
104, 168~169, 259, 309, 311, 314
335, 367~368, 387~388

헤라　13, 40, 73~74, 98, 142, 144, 193
198~199, 224, 226, 286, 303~304
359, 361~362, 365~366, 374~376

헤라클레스　15, 40~44, 71~80, 84
94, 96~97, 104, 119, 122~124
135, 137~148, 150, 200
286~289, 309, 374, 382

헤르메스　76, 258, 313~316, 320, 332
349, 374, 378~379, 384, 387

헤스티아(베스타)　25, 98, 128

헤파이스토스　294, 332, 347, 349~350

헬레네　201, 209, 347

히기에이아　165~167, 177, 179

히드라　78~79, 147, 287~289, 309

히포크라테스　162~163, 177~179, 320

히포크레네　23, 49, 51, 265, 268

이윤기 신화 거꾸로 읽기

초판 1쇄   2002년 5월 15일
개정판 1쇄   2018년 9월 10일
개정판 3쇄   2021년 3월 3일

지은이 / 이윤기
펴낸이 / 박진숙
펴낸곳 / 작가정신
편집 / 황민지 김미래
디자인 / 이아름
마케팅 / 김미숙
홍보 / 조윤선
디지털콘텐츠 / 김영란
재무 / 오수정
인쇄 및 제본 / 한영문화사

주소 (10881) 경기도 파주시 문발로 314
대표전화 031-955-6230   팩스 031-944-2858
이메일 editor@jakka.co.kr   블로그 blog.naver.com/jakkapub
페이스북 facebook.com/jakkajungsin   인스타그램 instagram.com/jakkajungsin
출판 등록 제406-2012-000021호

ISBN 979-11-6026-109-7   03210

이 도서의 국립중앙도서관 출판시도서목록(CIP)은 서지정보유통지원시스템 홈페이지(http://seoji.nl.go.kr)와
국가자료공동목록시스템(http://www.nl.go.kr/kolisnet)에서 이용하실 수 있습니다.
(CIP제어번호 : CIP2018025619)